**마라탕을
시켰을 뿐인데
지구가 뜨거워졌다고?**

지구의 내일이 궁금한 어린이를 위한 생생한 환경 교육 동화

# 마라탕을 시켰을 뿐인데 지구가 뜨거워졌다고?

홍세영 글 | 편히 그림

## 차례

프롤로그 | 007
등장인물 소개 | 010

### 1부. 위기의 지구를 구해라!

**01. 집이 물에 잠겼다고?** | 014
  [환경 지식 더하기] 지구 평균 기온이 오르면 어떻게 될까?

**02. 누가 벌써 자원을 다 써 버렸을까?** | 036
  [환경 지식 더하기] 지구 생태 용량 초과의 날

**03. 우리는 왜 깨끗한 지구에서 살 수 없을까?** | 058
  [환경 지식 더하기] 나한테 다음 세대의 운명이 달렸다고?

### 2부. 지구의 숨겨진 비밀을 밝혀라!

**01. 꿀벌이 사라지는 게 나랑 무슨 상관이야?** | 080
  [환경 지식 더하기] 우리는 서로 연결되어 있어

**02. 지구 생태계에 왜 구멍이 났을까?** | 102
  [환경 지식 더하기] 지구 생태계의 중심, 생물 다양성

**03. 녹색 안경으로 보면 무엇이 보일까?** | 124
  [환경 지식 더하기] 환경을 바라보는 다양한 관점

## 3부. 지구에서 살아남을 방법을 찾아라!

**01.** 한 번만 입장 바꿔 생각해 볼까? | 146
   **[환경 지식 더하기]** 환경 문제는 모두에게 공평할까?

**02.** 친환경이면 다 좋은 거 아니야? | 166
   **[환경 지식 더하기]** 그린워싱, 친환경에 속지 마

**03.** 함께, 더 오래 살아남을 순 없을까? | 188
   **[환경 지식 더하기]** 개인의 욕심이 만들어 낸 '공유지의 비극'

수료증 | 211

프롤로그

## "마라탕 시켜 주세요!"

초등학교 졸업을 앞둔 조카에게 먹고 싶은 음식을 물어봤더니 바로 나온 대답이었어요. 그러고 보니 마라탕은 우리 반 아이들도 자주 이야기하던 음식이에요. 마라탕은 중국의 쓰촨 지역에서 유래한 매운 국물 요리인데, 최근 한국에서 엄청난 인기를 끌고 있죠. 세계화에 맞춰 요즘에는 다른 나라 음식도 언제든지 쉽게 즐길 수 있게 되었어요. 여러분도 마라탕을 좋아하나요?

사실 선생님은 매운 음식을 잘 먹지 못해, 한 번도 시도해 보지 않았어요. 몇 번 먹다 보면 마라 맛에 빠지게 될 거라는 조카의 말에 궁금해서 마라탕을 배달시켜 주었어요. 조카는 마라탕을 자주 시켜 봤는지 익숙하게 매운 정도를 정하고 마라탕에 넣을 재료를 골라 척척 주문하였어요.

딩동!

주문한 지 몇십 분 지나지 않아 마라탕이 문 앞에 배달되었어요. 너무 편리한 세상이죠. 마라탕의 첫맛은 새빨간 색깔만큼 자극적이었어요. 정신이 번쩍 드는 얼얼한 매운맛으로 사람들을 사로잡았겠다고 바로 직감했죠. 하지만 뜨거운 국물이 플라스틱 용기에 담겨 있어 미세 플라스틱이 나오지는 않을까 걱정되었어요. 배달 온 마라탕 비닐봉지 안에는 커다란 탕 용기, 사이드 메뉴 용기, 소스 용기 등 플라스틱으로 된 일회용 용기가 담겨 있었거든요. 간편한 배달 뒤에는 불편한 마음이 따라왔어요.

마라탕에 대한 조카의 찬사를 들으며 다 먹고 난 후, 플라스틱 용기를 정리하려고 하는데 마라탕의 빨간 기름이 잘 씻기지 않았어요. 결국 플라스틱 용기를 재활용하기 어려울 것이고, 썩지 않고 500년 이상 지구에 그대로 남아 있게 될 거예요.

제가 음식을 배달시켜 먹는 게 환경에 어떤 영향을 끼치는지 설명해 주자 조카는 전혀 생각해 보지 못했다는 얼굴로 물었어요.

"마라탕을 시켰을 뿐인데, 지구가 뜨거워졌다고요?"

환경에 진심인 제가 이 책에서 들려줄 이야기는 바로 이 질문에 대한 대답입니다. 지구가 뜨거워진 이유는 결코 한마디로 대답할 수 없습니다.

그 이유가 궁금한 여섯 친구들이 저와 함께 '환경 캠프'에 참가했습니다. 하나뿐인 지구가 어떤 위기에 처해 있는지, 지구가 어떤 원리로 돌아가는지, 지구에서 우리는 어떻게 살아남을 수 있는지 깨닫게 되는 이야기입니다. 여러분도 이 책을 읽으며 환경에 관심을 갖고, 환경을 생각하며 행동하는 어린이가 되길 바랍니다.

그럼 이제 저와 함께 환경 이야기를 나눠 볼까요? 지구의 내일이 궁금한 여러분을 '환경 캠프'에 초대합니다.

홍세영 선생님

## 등장인물 소개

**연우**

하고 싶은 것도, 알고 싶은 것도 많은 초등학생. 함께 환경 캠프에 참여하자고 친구들을 설득한 장본인이다.

**준호**

취미는 엉뚱한 질문, 특기는 말장난. 언제나 친구들을 웃게 만드는 환경 캠프의 대표 개구쟁이다.

**하영**

얄밉긴 해도 미워할 수는 없는 새침데기 공주님. 언제나 새침한 표정과 말투로 친구들을 대하지만 누구보다 친구들을 열심히 챙긴다.

**서진**

환경을 사랑하고, 지구를 아끼는 채식주의자. 목소리도 작고, 말수도 적지만 환경에 대해 말할 때만큼은 적극적이다.

### 지민

세상에 존재하는 모든 지식을 알고 싶은 모범생. 종종 지식을 자랑해서 친구들의 눈총을 받는다.

### 건우

용감하고 듬직한 이 구역 골목대장. 가끔 욱하기도 해서 모두를 곤란하게 할 때가 있다.

### 홍쌤

환경 수업에 진심인 선생님. 아이들과 놀이할 때가 가장 즐겁고, 아이들이 환경과 친해질 때 가장 뿌듯함을 느낀다.

# 1부
# 위기의 지구를 구해라!

# 01

# 집이 물에 잠겼다고?

**관련 교육 과정 성취 기준**

[4과16-02] 기후변화의 심각성에 관심을 가지고, 기후변화가 우리 생활과 환경에 미치는 영향을 설명할 수 있다.
[6사12-02] 지구촌을 위협하는 다양한 문제들을 파악하고, 지속가능한 미래를 위한 해결 방안을 탐색한다.
[6도04-01] 지구의 환경 위기 상황을 이해하고, 이를 극복하기 위한 다양한 방법을 찾아 자신의 일상에서 실천하고자 노력한다.

"엄마, 도대체 아빠는 언제 와요?"

온종일 비가 그칠 줄 모르고 퍼붓던 날, 연우가 창밖을 보며 초조하게 말했다.

"아빠 금방 오신다고 했으니까 기다려 보자. 별일 없을 거야."

텔레비전에서는 도시가 물에 잠기고 있다는 속보와 함께 사람들과 동물들이 헤엄치고 있는 장면을 계속 보여 주었다. 엄마는 불안해하는 연우를 안심시키기 위해 텔레비전을 끄고 연우를 꼭 안아 주었다.

어느 순간 연우네 집 밖의 도로도 물에 잠기기 시작했다. 물은 금방이라도 연우네 집 안까지 차오를 기세였다.

"엄마, 이러다 우리 집도 물에 잠기면 어떡해요?"

"걱정 마, 우리 집은 19층이니까 괜찮을 거야."

그 순간, 창밖에서 물이 파도처럼 밀어닥치기 시작했다. 곧이어 베란다 유리창이 깨지면서 연우네 집도 물바다가 되었다. 연우는 물귀신을 본 것 같았다.

"연우야! 얼른 일어나렴. 환경 캠프 가야지. 오늘이 첫날인데 지각하면 안 되잖니."

아빠가 출근 준비를 하며 다급하게 연우를 깨웠다.

"휴, 다행히 꿈이었네."

연우는 찜찜한 기분으로 환경 캠프에 갈 준비를 시작했다.

여러분, 안녕하세요? 저는 이번 환경 캠프에서 여러분과 함께 환경에 대해 알아 갈 홍쌤이에요. 모두들 방학 동안 놀고 싶었을 텐데 참여해 줘서 고마워요. 그런 만큼 이번 캠프에서는 놀이나 토론 등 다양한 방법으로 환경에 대해 배워 보려 해요.

 아이들은 기대에 가득 찬 눈빛으로 선생님의 말을 들었다. 선생님은 그런 아이들을 흐뭇하게 지켜보았다. 그러고는 지구 위에 아슬아슬하게 서 있는 북극곰 사진을 보여 주었다. 너무 익숙한 장면이어서 그런지 아이들은 아무렇지 않아 보였다. 그러자 선생님이 그럴 줄 알았다는 듯이 준비

해 둔 다른 것을 꺼내 보여 주었다.

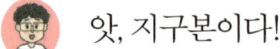 앗, 지구본이다!

맞아요. 지구본은 우리가 사는 지구를 모형으로 만든 거예요. 본 적 있죠? 먼저, 지구본에서 우리가 살고 있는 대한민국을 찾아볼까요?

에계, 우리나라가 이렇게 작다고? 선생님, 이 작은 나라에 어떻게 이렇게 많은 사람이 살아요?

하하, 그렇게 생각할 수도 있겠네요. 지구에 비하면 우리나라는 엄청 작죠. 그렇다면 지구에는 얼마나 많은 사람이 살고 있을까요?

81억 명이 넘는댔어요.

네, 맞아요. 그럼 동물이나 식물 등 다양한 생명체까지 더하면 그 수가 얼마나 많을까요? 상상하기도 어렵죠? 이처럼 지구는 수많은 생명체가 각자 고유한 색을 가진 채, 다른 존재들과 조화롭게 어우러져 살아가는 곳이에요. 그런 만큼 모두에게 소중하겠죠?

 네!

그럼 지금부터 소중한 지구를 지키기 위한 환경 캠

프를 시작해 볼까요?

아이들은 무언가를 다짐한 듯한 표정을 지으며 선생님을 바라보았다.

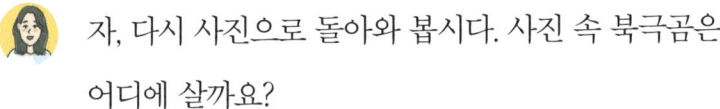 자, 다시 사진으로 돌아와 봅시다. 사진 속 북극곰은 어디에 살까요?
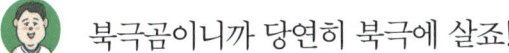 북극곰이니까 당연히 북극에 살죠!
그럼 이번에는 지구본에서 북극을 찾아 손으로 짚어 볼까요?

아이들은 단번에 지구본 위쪽에 있는 북극에 손가락을 가져다 대었다.

선생님, 북극곰들이 더 이상 빙하에서 살지 못할 수도 있대요. 아빠가 그랬어요.
맞아요, 지구 온난화로 북극의 기온이 빠르게 높아지면서 북극의 빙하가 계속 녹고 있어요. 2018년에 미국 해양 대기청에서는 지난 30년 동안 북극에서 가장 오래되고 두꺼운 얼음의 95퍼센트가 녹았다고 발표했어요.

아이들은 깜짝 놀라 서로의 얼굴을 바라보았다. 빙하가 녹고 있다는 것은 알고 있었지만 이렇게 빨리, 많이 녹았다는 사실은 처음 알게 된 것이다.

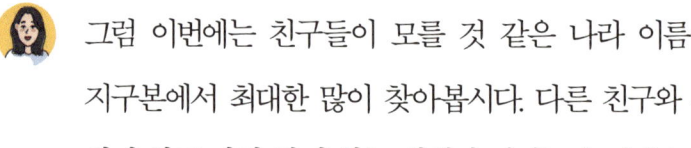 그럼 이번에는 친구들이 모를 것 같은 나라 이름을 지구본에서 최대한 많이 찾아봅시다. 다른 친구와 겹치지 않고 가장 많이 찾는 학생이 이기는 놀이에요.

아는 나라 이름을 찾는 것이 아니라, 모를 것 같은 나라 이름을 찾는 놀이라니? 아이들의 눈이 반짝 빛났다. 아이들은 5분 동안 보물찾기를 하듯 나라 이름을 써 내려갔다. 여기저기서 외계어가 들리는 듯했다.

 와! 지구에 이런 나라가 있었어?
 바베이도스, 세인트키츠 네비스? 제대로 읽지도 못하겠다.

🧑‍🏫 우리가 모르는 나라들이 정말 많죠? 여러분이 방금 찾은 나라들은 어떤 특징이 있을까요?

🧑 대부분 나라 크기가 작아요.

🧑 섬나라가 많은 것 같아요.

🧑‍🏫 아무래도 커다란 대륙에 있는 나라들은 존재감이 있지만 작은 섬나라들은 모르는 경우가 많겠죠. 이제 지구본을 어느 정도 살펴봤으니 우리 교실에 지구본을 펼쳐 볼까요? 우리가 살고 있는 육지를 어떻게 표현할 수 있을까요?

🧑 큰 종이에 그림을 그리는 건 어때요?

🧑‍🏫 건우가 아주 좋은 방법을 떠올려 주었네요. 하지만, 이번에는 그보다 더 입체적으로 표현해서 우리가 직접 올라갈 수 있는 육지를 만들 거예요.

🧑 올라간다고요? 설마 책상 위로요?

🧑‍🏫 맞아요. 바닥이 바다라고 생각하고 책상이나 의자 위로 올라가는 거예요.

아이들은 선생님의 말이 끝나기가 무섭게 소리를 지르며 책상 위로 올라가기 시작했다.

잠시만요! 올라가기 전에 책상들을 합쳐서 커다란 대륙을 만들어 볼까요? 의자로는 작은 섬나라를 만들어 봅시다.

아이들은 책상에서 내려와 방금 본 지구본을 떠올리며 책상을 이리저리 옮겼다. 그러자 순식간에 그럴싸한 대륙과 섬이 만들어졌다. 그리고 대부분의 아이들은 약속이라도 한 듯이 커다란 책상 위로 올라가 모여 앉았다.

 선생님, 앉을 자리가 없어요.
 저기 의자 많잖아.
 나는 그냥 의자에 혼자 앉아야겠다.

몇몇 친구들이 의자로 자리를 옮기기 시작했다. 이 순간의 선택이 앞으로의 운명을 바꿔 놓을 줄은 아무도 몰랐다.

 자, 이제 모두 자리를 잡았나요? 이제 오늘의 본 게임을 시작하도록 하겠습니다. 지구의 기온이 계속 올라가는 현상을 '지구 온난화'라고 하죠? 그렇다면 지구의 기온은 도대체 얼마나 높길래 지구가 뜨거워졌다고 하는 걸까요? 지구의 평균 기온이 몇 도인지 알고 있나요?

30도요?

지구 전체의 평균 기온이니까 그렇게 덥진 않을걸? 20도요.

에이, 아니지. 여름에 엄청 더웠잖아. 그 정도는 하나도 안 더운데? 지민이 말처럼 30도요.

건우가 잘 짚어 주었어요. 2020년 기준 지구 평균 기온은 약 15도입니다. 지구 평균 기온은 적도 부근이나 극지방의 기온, 더운 여름부터 추운 겨울의 기온을 모두 포함해서 평균을 낸 것이기 때문에 오늘 날씨처럼 지금 당장 느껴지는 기온이 아니에요.

아하! 지구가 뜨거워지고 있다고 해서 평균 기온이 엄청 높을 줄 알았는데 생각보다 낮네요?

그럼 지구 온난화는 이 평균 기온이 오른 걸 말하는 거예요?

맞아요. 그렇다면 과거부터 지금까지 지구 평균 기온은 과연 몇 도나 올랐을까요?

더운 여름만 생각하면 한 10도는 오른 것 같아요!

 체감은 그렇지만 정확하게 기온을 관측하기 시작한 1880년도부터 2021년까지 141년 동안 오른 지구 평균 기온은 '1도'랍니다.

'고작 1도라니?' 아이들은 믿기 어렵다는 표정을 지었다.

 고작 1도라고 생각할 수 있지만, 우리 체온이 36.5도에서 37.5도로 1도만 올라도 열이 나고 몸이 아픈

것과 같아요. 지구의 평균 기온이 1도만 올라도 빙하가 녹고, 바닷물이 더 차오른답니다.

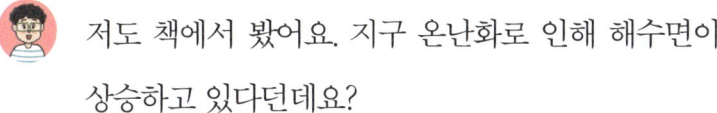 저도 책에서 봤어요. 지구 온난화로 인해 해수면이 상승하고 있다던데요?

 지민이가 아주 잘 알고 있네요. 해수면은 바닷물의 표면을 말해요. 141년 동안 지구의 평균 기온이 1도 올랐고, 그에 따라 해수면은 약 24.9센티 높아졌답니다.

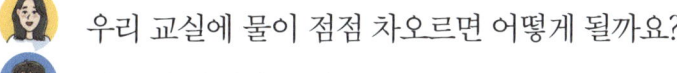 해수면이 높아지면 어떻게 되는데요?

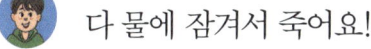 우리 교실에 물이 점점 차오르면 어떻게 될까요?

다 물에 잠겨서 죽어요!

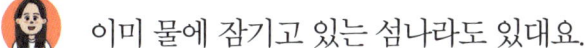 이미 물에 잠기고 있는 섬나라도 있대요.

에이, 설마 그렇게 쉽게 잠기겠어?

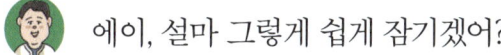 그런 일이 일어나지 않으면 좋겠지만 이대로라면 언젠가 우리의 미래가 될 수도 있어요. 오늘은 그 미래를 상상하며 '해수면 상승 놀이'를 해 보겠습니다.

선생님이 수상한 상자를 꺼내 아이들에게 보여 주었다. 그러고는 상자에서 쪽지 하나를 뽑게 했다.

> '냉장고에 음식이 가득 차 있지만
> 귀찮아서 마라탕을 배달시켜 먹었어.'
> 탄소발자국 5개

 탄소발자국 5개는 뭐예요?

 우리가 생활 속에서 배출하는 이산화 탄소의 양을 말해요. 원래는 무게로 표현하고, 무거울수록 이산화 탄소 배출량이 많다는 걸 의미해요. 하지만 이번 놀이에서는 모두가 쉽고 재미있게 놀이에 참여할 수 있도록 개수로 표현할 거예요. 이 탄소발자국의 개수가 많을수록 지구 기온이 높아지고, 그럼 해수면도 점점 높아지겠죠? 결국 작은 섬나라들이 물에 잠기게 됩니다. 여러분이 좋아하는 마라탕, 떡볶이 등을 배달시켜 먹으면 쓰레기가 많이 나오죠?

 네, 한 번만 시켜 먹어도 비닐이나 젓가락 등 쓰레기가 엄청 많이 나와요.

그런 쓰레기들을 처리할 때에도 이산화 탄소가 많이 발생해요. 이 놀이에서는 탄소발자국이 5개 쌓일 때마다 의자 1개를 빼도록 하겠습니다.

선생님이 비어 있는 의자 하나를 들고 교실 밖으로 향했다. 갑작스럽게 벌어진 상황에 아이들은 모두 당황했지만 아직 아무도 바다에 빠지지 않아 다행이라고 생각했다. 선생님은 아이들에게 이어서 쪽지를 뽑게 했다.

'여름 방학에 비행기 타고
태국으로 해외여행을 다녀왔어.'
탄소발자국 20개

"20개요?"
아이들이 탄성을 질렀다. 선생님은 아랑곳도 하지 않고, 의자 4개를 들고 교실 밖으로 나갔다. 작은 섬 4개가 물에 잠긴 것이다. 이제 남은 의자는 2개뿐이었다.

선생님, 지금이라도 책상으로 가면 안 돼요?
 책상에 있는 친구들이 받아 줄지 모르겠지만 가능합니다.
 살려 줘, 얘들아!
 아까 책상을 선택했어야 하는 건데….
 어쩔 수 없는 운명이야.

  홀로 의자에 남은 서진이가 자리를 지키기 위해 떨리는 마음으로 다음 쪽지를 열어 보았다.

> '환한 낮에 켜져 있는 불을 껐어.'
> 
> 초록발자국 1개

 선생님, 초록발자국은 뭐예요?
 탄소발자국과는 반대로 지구를 보호하는 발자국이에요. 국제적으로 활용하는 탄소발자국과 달리 초록발자국은 이번 놀이에서만 활용하는 개념이에요. 초록발자국을 5개 모으면 의자를 다시 가져올 수 있어요. 살아남기 위해서는 탄소발자국 대신 초록발자국을 더 많이 남기면 좋겠죠?

 빨리 초록발자국 모으자! 우리 교실 불도 꺼!

 오늘은 햇볕도 좋으니 창가의 불은 꺼도 될까요?

 네! 다 꺼도 괜찮아요. 히히.

다음 쪽지는 연우가 뽑았다.

'운동 후, 너무 더워서 에어컨을 세게 틀었어.'

탄소발자국 10개

 으악, 그럼 내 의자까지 없어지는 거잖아? 선생님, 그럼 저는 어떡해요?

 이로써 서진이가 물에 가라앉게 되었어요. 이제 의자가 모두 없어졌으니 탄소발자국 10개당 책상 1개를 뺄게요.

점점 살 곳이 없어지고 있어. 에어컨 좀 그만 써!
 이제 탄소발자국이 더 많아지면 안 돼. 우리가 사는 곳도 위험해질 거야. 게다가 사람이 많아져서 너무 좁아.
 우리 교실 에어컨은 몇 도야?
 20도야.
 뭐? 여름철 실내 적정 온도는 26도에서 28도인데.
 그래? 그럼 온도를 더 높여서 약하게 틀자.
 그래, 우리 다 같이 힘을 합쳐야 해. 이러다 우리 다 죽을 수도 있어.
 가라앉아서 우리 모두 다 죽을 거 같아요.
 다 죽진 않겠지. 난 끝까지 살아남을 거야!

지구가 뜨거워지고 있다는 사실이 자신과는 상관없다고 생각했던 아이들의 마음속에 지구와 자신을 잇는 연결 고리가 희미하게 생기기 시작했다. 더 오랫동안 지구에서 살아남기 위한, 위기의 지구를 구하기 위한 아이들의 고민이 시작되었다.

## 홍쌤의 환경 톡톡 Talk Talk!

　이번 시간에는 기후 변화로 인해 빙하가 녹고 바닷물이 차오르는 상황을 간접적으로 체험해 보았어요. 실제로 우리가 살고 있는 지역에 물이 차올라 집과 가족을 잃게 되면 어떨까요? '아무리 기후 변화가 심해지더라도 설마 그런 일이 일어나겠어?' 하는 의문이 생기죠. 그 이유는 기후가 변하더라도 지금 당장 우리 생활에서 크게 달라진 것을 느끼지 못하기 때문이에요.

　기후 변화는 하루 만에 일어나는 것이 아니라 '시나브로' 일어나고 있습니다. 우리가 모르는 사이에 조금씩 말이죠. 일상에서 어제와 오늘 바뀌는 날씨를 이상하게 느끼지 않죠? 햇빛이 쨍한 날도 있고, 비가 오는 날도 있는 것처럼 날씨는 시시각각 변하니까요. 그런데 선생님이 어렸을 적, 30년 전과 비교하면 기후가 정말 많이 달라졌어요. 예전에도 여름에는 당연히 더웠지만, 최근에는 정말 견디기 어려울 만큼 더워졌어요. 과거를 돌아보며 "이렇게나 많이 변했다고?" 하고 깨닫게 되었어요.

　이 책을 읽고 있는 여러분들은 잘 느끼지 못하지만, 극지방이나 섬나라, 개발 도상국과 같이 기후 변화에 취약한 곳들이 지구 곳곳에 많이 있어요. 이곳에 살고 있는 사람들과 동물들은 기후 변화로 인해 위기에 처해 있답니다. 지구 기온을 올라가게 하는 행동을 멈추지 않는다면 언젠가 우리도 이 위기를 피할 수 없을 거예요.

## 😊 환경 지식 더하기

### 지구 평균 기온이 오르면 어떻게 될까?

'지구 평균 기온이 1도 오른다고 내 삶이 크게 달라지겠어?'라고 생각할 수도 있지만, 지구 평균 기온은 우리 삶에 많은 영향을 미쳐요. 과학자들은 지구 평균 기온이 산업화 이전인 19세기 후반보다 1.5도 이상 상승하지 않도록 억제해야 한다고 말해요. 과연 지구 평균 기온이 1도씩 오를 때마다 세상은 어떻게 변할까요?

1도 오르면, 이상 기후가 시작돼요. 여름이 길어지고, 폭염이 자주 나타나요. 빙하가 녹아서 해수면이 높아지고, 건조한 날씨로 인해 산불이 자주 발생해요. 태풍, 폭우, 가뭄과 같은 기상 이변은 이미 자주 겪고 있죠?

2도 오르면, 생태계가 붕괴되고 동식물들이 살기 어려워져요. 밤에 잠들기 어려울 정도의 더위인 열대야가 늘어나고, 폭염으로 인한 사망자가 많아져요. 도시가 물에 잠길 수도 있어요. 우리가 살고 있는 도시도 피해 갈 순 없죠. 그래서 기후 전문가들은 2도 이상 오르면 되돌릴 수 없는 피해가 시작된다고 말해요.

3도 오르면, 지구 환경이 붕괴돼요. 야외 활동이 어려워지고, 농작물이 제대로 자라지 않아서 우리가 먹을 수 있는 음식이 없어지거나, 지금과는 완전히 달라져요. 질병과 전염병이 많아지고, 대규모 자연재해로 인해 수

억 명이 삶의 터전을 잃어 기후 난민이 될 수도 있어요. 그렇게 되면 미래 세대는 엄청난 고통을 겪게 될 거예요.

세계 기상 기구에 의하면 2024년, 지구 평균 기온이 기후 위기의 마지노선인 1.5도를 넘겼다고 해요. 지금처럼 온실가스를 계속 배출한다면 2100년쯤에는 지금보다 지구 평균 기온이 3도 이상 높아질 수도 있어요. 그러니 우리는 지구의 기온이 높아지지 않도록 관심을 기울이고 노력해야 돼요. 우리뿐만 아니라 미래 세대가 지구에서 행복하고 즐겁게 살 수 있도록 하기 위해 우리는 어떤 노력을 할 수 있을까요?

😊 그림책으로 다시 보는 환경 이야기

### 도시에 물이 차올라요

**마리아호 일러스트라호 글·그림, 김지은 옮김, 위즈덤하우스, 2022**

어느 날부턴가 바닥이 조금씩 물에 젖기 시작한다. 처음엔 무심코 넘겼던 동물들은 시간이 지날수록 불편함을 느낀다. 하지만 혼자서는 해결할 수 없었기 때문에 함께 머리를 맞대고 해결책을 찾기 시작한다. 그리고 문제를 해결할 단 하나의 방법은 '우리가 함께 노력하기'였음을 깨닫는다.

## 02
# 누가 벌써 자원을 다 써 버렸을까?

**관련 교육 과정 성취 기준**

[6과08-01] 우리가 생활에서 이용하는 다양한 자원을 조사하고, 자원의 유한함을 설명할 수 있다.
[6도03-04] 다른 나라 사람들이 처한 여러 가지 상황을 종합적으로 이해하고 해결 방안을 탐구하며 인류애를 기른다.

"선생님, 갑자기 정수기에서 물이 안 나와요."

"아, 정수기 필터 청소 때문에 오늘만 물이 안 나온대요. 대신 여러분이 마실 물은 선생님이 미리 준비해 두었어요."

선생님은 아무렇지 않다는 듯이 생수병 1개를 꺼냈다. 아이들은 이게 무슨 일인가 싶어 멍하니 선생님만 바라보고 있었다.

"에이, 설마 생수병 1개가 전부는 아니죠?"

하영이가 믿을 수 없다는 듯 물어보았다.

"많이 부족하겠지만 이게 전부예요."

"말도 안 돼요. 6명이서 어떻게 1개로 버텨요?"

"선생님도 포함이니 정확히 말하면 7명이죠."

물을 마음껏 마실 수 없는 것은 물론이고, 각자 마실 수 있는 물의 양이 적어진다는 것을 직감한 아이들은 말없이 서로의 눈치를 살피기 시작했다. 생수병 1개로 오늘 하루를 버텨야 한다니 어떻게 나눠 마셔야 할지 머리 굴리는 소리만 들릴 뿐이었다. 아무리 생각해도 7명이 모두 마시기에는 턱없이 부족했고, 누군가는 희생해야 된다는 소리였다.

"너무 속상해하지 말아요. 대신 선생님이 특별한 사탕을 가지고 왔어요. 함께 사탕을 나눠 먹으면서 이 물을 어떻게 나눠 마실지 고민해 볼까요?"

선생님이 사탕 한 바구니를 귀한 보물처럼 꺼내 들며 말했다.

"이 사탕은 공정 무역 사탕이에요. '공정 무역'은 노동자들이 안전하게, 부당한 대우를 받지 않고 일할 수 있도록 권리를 보호하는 무역 형태를 말해요. 게다가 환경을 파괴하지 않도록 노력하기도 한답니다."

아이들은 물에 대한 걱정은 까맣게 잊고 특별한 사탕에 빠져들었다.

 그럼 이제 이 공정 무역 사탕들을 어떻게 나눠 먹을

지 함께 이야기해 볼까요?

 네! 선생님, 얼른 나눠 주세요. 무슨 맛일지 너무 궁금해요.

 좋아요. 먼저 우리 반이 '작은 지구촌'이라고 생각하고, 각자 어느 나라를 대표할지 제비뽑기로 정하겠습니다. 여러분의 의지로 대한민국에서 태어난 게 아닌 것처럼 운명에 맡겨 보는 거예요.

아이들은 놀라면서도 기대하는 표정으로 서로를 쳐다보았다. 당연히 선생님이 공평하게 나눠 줄 거라 생각했던 아이들은 도대체 어떻게 나눠 먹을지 애를 태우며 쪽지를 뽑았다.

 난 중국 뽑았어.
 난 미국.
 난 자랑스러운 한국!

아이들이 서로 자신이 뽑은 나라를 공유하며 어수선한 가운데 준호가 선생님에게 질문했다.

선생님, 저는 사람이 아닌데요? 저는 '북극곰'이에요.
지구촌에는 인간만 사는 것이 아니라 다양한 동식물들도 더불어 살아가고 있죠. 우리 준호가 특별한 존재로 뽑혔네요.

특별한 존재라는 말에 준호는 으쓱해졌다. 사탕도 더 많이 먹을 수 있지 않을까 하는 기대감이 생겼다. 하지만 인간이 아닌 동물이라니 왠지 모를 소외감도 들었다.

각자 자신이 대표할 나라가 어딘지 결정되었죠? 준호처럼 동물을 뽑은 친구도 있을 거예요. 이제 지구촌 시민인 여러분끼리 사탕을 나눠 먹으면 됩니다. 그런데, 바구니에 담긴 사탕은 무엇을 의미할까요?

아이들은 궁금해하며 선생님의 대답을 기다렸다.

사탕은 올해 1년 동안 우리가 사용할 수 있는 '지구 자원'을 의미합니다. 그리고 이 지구 자원을 나라별로 나눠 가질 거예요. 얼마큼 가져갈지는 자신이 그 나

🧑 라 사람이라고 가정하고 마음대로 가져가면 됩니다. 그럼 누가 먼저 가져가요?

👩 지구 자원은 우리 모두의 것이니까 함께 나눠 쓰는 건데, 한꺼번에 나와서 가져가면 난리가 날 테니 한 명씩 차례대로 가져가도록 할게요. 선생님이 부르는 나라 순서가 어떤 기준인지 고민해 보고, 사탕을 모두 나눠 가진 뒤에 함께 이야기해 봅시다.

🧑 왠지 저까지 안 올 것 같아요.

👩 다른 친구들이 얼마큼 가져가는지에 따라 달라지겠죠? 그럼 첫 번째로 중국을 뽑은 지민이가 나와서 자신이 중국인이라고 생각하고 사탕을 가져가세요.

처음으로 나온 지민이가 바구니에서 사탕을 한 움큼 집었다. 그 모습을 본 아이들 입에서 탄성이 터져 나왔다.

🧑 중국에서 개발을 많이 해서 이 정도 지구 자원은 쓸 것 같은데?

👩 그렇다고 그렇게 많이 가져가다니!

아이들은 자기 차례가 오지 않을까 봐 조마조마했다. 미국을 뽑은 서진이가 두 번째로 불렸다. 서진이가 사탕 바구니 앞에서 쭈뼛쭈뼛 눈치를 살피며 한 손 가득 집어 들었다. 이어서 인도를 뽑은 연우는 이때다 싶어 마음껏 집어 갔다. 바구니에는 사탕이 얼마 남지 않았다. 다음으로 이란을 뽑은 하영이가 남은 사탕을 모두 집으려 할 때, 건우가 입을 열었다.

야, 다른 사람들도 생각해야지! 너희들이 다 가져가면 남은 사람들은 뭐 먹고 사냐? 나나 준호는 사탕 구경도 못하겠다.

벌떡 일어나 소리치는 건우의 모습에 모두 당황한 눈치였다. 건우는 사탕을 눈앞에 두고도 다른 친구들보다 적은 양의 사탕을 먹게 되거나 아예 먹을 수 없게 된다는 생각에 억울하고 화가 났다.

여기서 잠깐! 건우가 많이 억울해하는 것 같네요. 잠시 진정하고, 선생님이 쪽지 하나를 나눠 줄 테니 지

금 이 순간 느낀 감정을 그대로 쪽지에 자세하게 써 주세요.

작은 지구촌에 사는 아이들은 여러 감정을 쪽지에 꾹꾹 눌러쓰기 시작했다. 선생님은 사탕을 가져가지 못한 건우와 준호에게 사탕을 건네며 마음을 달래 주었다.

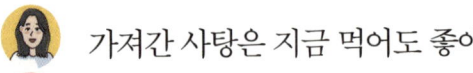 가져간 사탕은 지금 먹어도 좋아요.
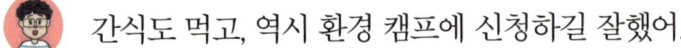 간식도 먹고, 역시 환경 캠프에 신청하길 잘했어.
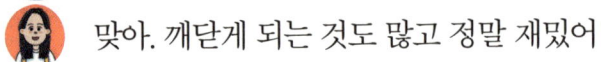 맞아. 깨닫게 되는 것도 많고 정말 재밌어!

아이들이 간식을 먹는 동안 책상 위에는 사탕 봉지 쓰레기가 한가득 쌓였다.

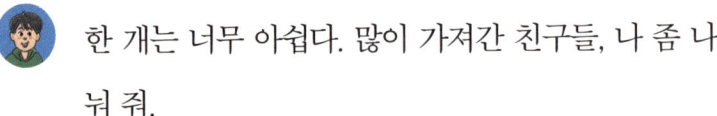 한 개는 너무 아쉽다. 많이 가져간 친구들, 나 좀 나눠 줘.
 선생님, 이거 다른 친구들이랑 나눠 먹어도 돼요?
 다들 어떻게 생각해요?
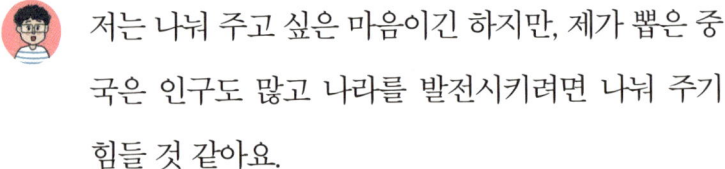 저는 나눠 주고 싶은 마음이긴 하지만, 제가 뽑은 중국은 인구도 많고 나라를 발전시키려면 나눠 주기 힘들 것 같아요.
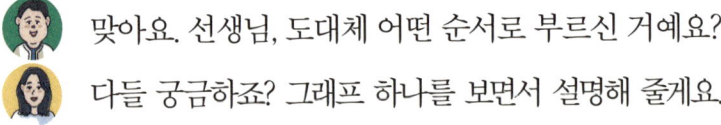 그래도 다 같이 쓰는 '지구 자원'인데 누구는 많이 먹고, 또 누구는 적게 먹는 건 좀 억울해요.
맞아요. 선생님, 도대체 어떤 순서로 부르신 거예요?
다들 궁금하죠? 그래프 하나를 보면서 설명해 줄게요.

이 그래프는 2023년 국가별 이산화 탄소 배출량 순위를 나타낸 것입니다. 중국의 이산화 탄소 배출량이 가장 많고, 한국은 10번째로 많이 배출한 나라네요.

 와, 중국의 이산화 탄소 배출량이 압도적으로 많네요.

2023년 국가별 이산화 탄소 배출량

단위: $MtCO_2$

- 중국 11903
- 미국 4911
- 인도 3062
- 러시아 1816
- 일본 989
- 이란 818
- 사우디아라비아 736
- 인도네시아 733
- 독일 596
- 한국 577

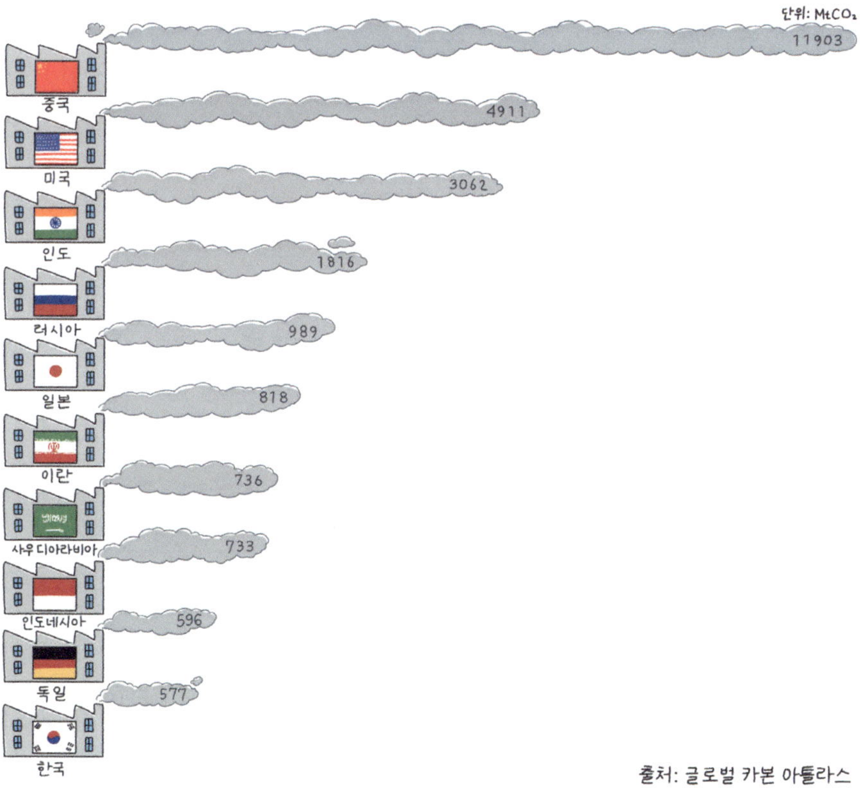

출처: 글로벌 카본 아틀라스

이 정도일 줄은 몰랐어요. 중국이나 미국이 인구도 많고 나라도 커서 그런지 많이 배출하는 것 같아요.

중국이나 인도는 최근에 개발을 더욱 활발하게 하고 있어서 순위가 높은 점도 있어요.

우리나라도 상위권에 있을 줄은 몰랐어요.

어? 그래프 속 순위가 우리가 사탕을 가져갔던 순서랑 비슷한데요?

맞아요. 비록 몇몇 국가는 빠져 있지만, 여러분은 각자 뽑은 나라의 이산화 탄소 배출량이 높은 순서대로 사탕을 가져갔답니다. 물론 실제로는 지구 자원을 각 나라가 순서대로 사용하지는 않지만, 이 시간에는 각 나라의 입장을 이해하기 위해 이산화 탄소 배출량의 순위에 따라 순서를 정해 보았어요.

아하! 그런데 우리가 먹은 사탕이랑 이산화 탄소 배출량이 무슨 상관이에요?

하영이가 좋은 질문을 했어요. 자, 책상 위를 한 번 볼까요? 여러분이 사탕을 먹고 남긴 쓰레기가 많지요?

간식 먹는 것에만 정신이 팔려 의식하지 못했던 쓰레기들이 이제서야 눈에 들어왔다. 하지만 지구 자원과 이산화 탄소 배출이 무슨 관련이 있는지는 아직도 알쏭달쏭했다.

🧑‍🦰 더 편리하게 살기 위해 자원을 활용해 개발을 많이 할수록 이산화 탄소를 많이 배출하게 된답니다. 그렇다면 이산화 탄소 배출량이 많다는 것은 개발을 많이 하고 에너지를 많이 사용했다는 뜻이겠죠?

👦 아! 사탕을 더 많이 먹은 친구들 책상에 쓰레기가 더 많은 것처럼요?

🧑‍🦰 맞아요. 그런데 쓰레기는 교실에 쌓여서 우리 모두가 겪는 문제가 되었어요. 지금 우리가 겪는 여러 지구 환경 문제처럼요.

👧 그럼 사탕을 많이 가져간 친구들이 쓰레기를 많이 발생시킨 거니까 그 친구들이 쓰레기를 처리하게 하면 되지 않을까요?

🧑‍🦰 그런 방법도 있죠. 그런데 방금 교실에서 나온 쓰레기는 쓰레기통에 버리면 되지만, 실제 국제 사회에서는 그렇게 간단하게 해결할 수 있는 문제가 아니

에요. 선진국과 개발 도상국 등 나라마다 상황이 다르거든요.

그런데 지구 환경은 나라의 경계 없이 연결되어 있으니까 어떤 나라는 지구 자원을 누리지도 못하면서 피해만 보게 되는 경우가 생기는 거 아니에요?

맞아요. 실제로 이산화 탄소 배출량이 매우 적은 아프리카 대륙이 기후 변화로 인해 심한 고통을 겪고 있어요. 이산화 탄소 배출량이 적더라도, 이산화 탄소를 많이 배출하는 다른 나라들의 영향으로 인해 큰 피해를 입을 수 있는 거지요.

기후 난민이 갈수록 늘어난다는데, 자원을 많이 사용한 나라뿐만 아니라 자원을 적게 사용한 나라도 고통받는 거네요.

정말 억울할 것 같아요.

그렇죠. 지구촌에 살고 있는 사람들은 지구 자원을 활용해 더 편하고 멋진 삶을 살고 싶어 해요. 하지만 지구 자원을 함부로 쓴다면 지구는 금방 망가질 거예요.

선생님의 말에 아이들은 모두 걱정스러운 표정으로 서로를 쳐다보았다.

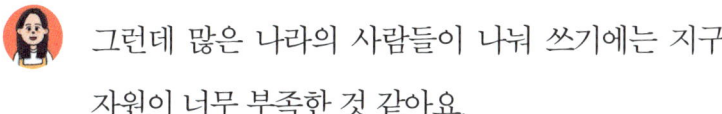
그런데 많은 나라의 사람들이 나눠 쓰기에는 지구 자원이 너무 부족한 것 같아요.

맞아요. 실제로 지구촌에서 사용할 지구 자원은 한정되어 있고, 사람들이 사용할 때마다 점점 줄어들어 지금은 자원이 부족한 상황이에요. 그래서 어떻게 나눠 쓸지 지구촌에 사는 우리가 함께 고민해야 합니다.

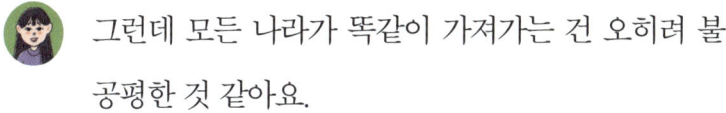
그런데 모든 나라가 똑같이 가져가는 건 오히려 불공평한 것 같아요.

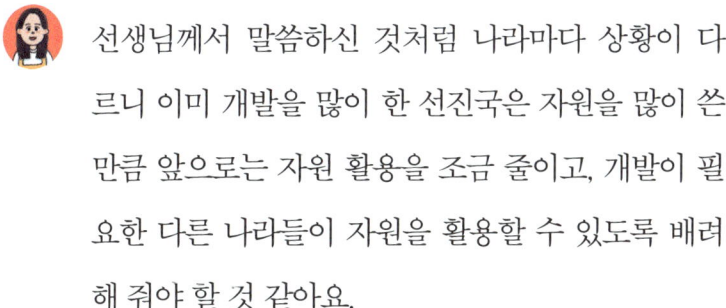
선생님께서 말씀하신 것처럼 나라마다 상황이 다르니 이미 개발을 많이 한 선진국은 자원을 많이 쓴 만큼 앞으로는 자원 활용을 조금 줄이고, 개발이 필요한 다른 나라들이 자원을 활용할 수 있도록 배려해 줘야 할 것 같아요.

맞아, 동물들도 배려해 줘. 동물들도 지구촌에 함께 살고 있잖아.

아이들은 각자 뽑은 나라와 동물의 입장이 되어 지구 자원과 기후 변화에 대한 생각을 나누기 시작했다. 이를 지켜보던 선생님이 아이들을 집중시키고 입을 열었다.

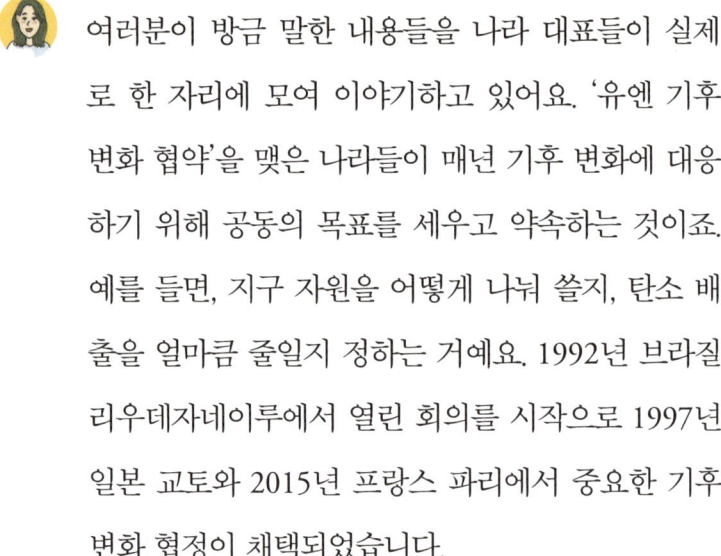
여러분이 방금 말한 내용들을 나라 대표들이 실제로 한 자리에 모여 이야기하고 있어요. '유엔 기후 변화 협약'을 맺은 나라들이 매년 기후 변화에 대응하기 위해 공동의 목표를 세우고 약속하는 것이죠. 예를 들면, 지구 자원을 어떻게 나눠 쓸지, 탄소 배출을 얼마큼 줄일지 정하는 거예요. 1992년 브라질 리우데자네이루에서 열린 회의를 시작으로 1997년 일본 교토와 2015년 프랑스 파리에서 중요한 기후 변화 협정이 채택되었습니다.

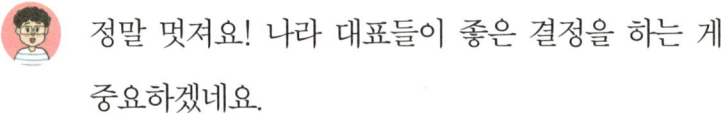
정말 멋져요! 나라 대표들이 좋은 결정을 하는 게 중요하겠네요.

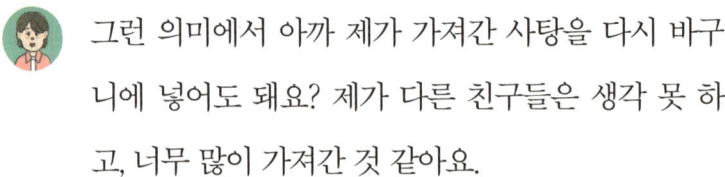
그런 의미에서 아까 제가 가져간 사탕을 다시 바구니에 넣어도 돼요? 제가 다른 친구들은 생각 못 하고, 너무 많이 가져간 것 같아요.

서진이의 제안에 모두 깜짝 놀라 서진이를 쳐다보았다. 서진이는 친구들의 시선이 부끄러운 듯 발그레한 얼굴로 사탕 바구니에 자신의 사탕을 넣었다.

- 여러분 스스로 깨달았네요. 서진이처럼 자신의 이익을 조금 내려놓고 다른 사람과 함께 나누면, 더 많은 사람들이 더 나은 세상을 누릴 수 있을 텐데요.
- 선생님, 다음에 이 놀이 한 번 더 해요!
- 나라도 다시 뽑고요. 그땐 사람으로 뽑을 거예요!
- 그러게요. 한 번 더 하면 공평하게 나눠 먹을 수 있을지, 지구 자원이 남을지 궁금하네요. 또 부족해질까요?

　아이들은 사탕의 달콤함을 느끼며 선생님의 말에 귀를 기울였다.

- 이 시간을 통해 올해 사용할 수 있는 지구 자원을 몇몇 나라가 다 써 버리면 다른 나라가 쓸 수 있는 자원이 없다는 사실을 깨달았을 거예요. 하지만 사

람들이 자원을 쓰지 않고 살아가는 건 불가능하겠죠? 올해 쓸 지구 자원을 다 써 버린 지구촌 시민들은 결국 내년에 사용할 지구 자원을 미리 쓸 수밖에 없어요.

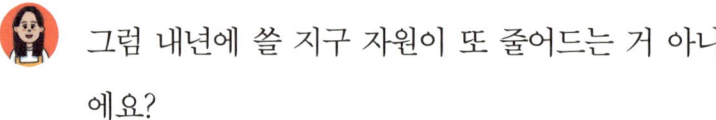 그럼 내년에 쓸 지구 자원이 또 줄어드는 거 아니에요?

맞아요. 이번 놀이에서 했던 것처럼 지구 자원을 함부로 쓴다면 미래에는 쓸 자원이 하나도 없을지도 몰라요. 그러니 지구 자원을 미래에도 쓸 수 있도록 모두 함께 아껴 쓰고, 나눠 써야 해요.

선생님의 말에 아이들은 지금 당장 무엇을 해야 할지 깨닫고, 조금이나마 미래의 희망을 보았다. 열띤 토론 수업이 끝난 후, 목이 말랐던 아이들은 생수병에 있는 물을 돌아가며 한 모금씩 마셨다. 비록 한 병을 혼자 마실 때보다는 적은 양이라 아쉬웠지만, 모두 함께 나눠 마시니 혼자 마실 때보다 더 시원하고 달게 느껴졌다.

## 홍쌤의 환경 톡톡 Talk Talk!

우리가 살고 있는 지구에는 자원이 많습니다. 따스한 햇빛, 시원한 바람, 깨끗한 물, 아름다운 숲과 바다는 우리에게 없어서는 안 될 소중한 존재입니다. 숲이나 바다에서 풍부한 식량과 재료를 얻을 수 있고, 아주 오랜 시간에 걸쳐 만들어진 화석 연료로 전기를 생산하거나 온갖 물건들을 만들 수 있게 되었습니다.

그러나 우리가 '쓸 수 있는' 자원은 한정되어 있습니다. 바닷물이 엄청나게 많아도 우리가 사용할 수 있는 물은 아주 적답니다. 그래서 모두가 자원의 혜택을 누리려면 한정된 자원을 아껴 써야 합니다. 지구 자원을 아껴 써야 하는 또 다른 이유는 탄소 배출량을 줄여 기후 위기를 늦춰야 하기 때문입니다.

지금 당장 먹고 싶은 것, 사고 싶은 것이 있어도 나의 미래를 위해 돈을 아끼는 것처럼 지구 자원도 미래를 위해 아껴 써야 합니다. 지구 자원을 모두의 것이라 생각하고 '아나바다(아껴 쓰고, 나눠 쓰고, 바꿔 쓰고, 다시 쓰기)'를 기억하며 사용하세요.

😊 **환경 지식 더하기**

### 지구 생태 용량 초과의 날

　누구나 한 번쯤은 용돈을 받자마자 다 써 버린 적 있을 거예요. 그럼 다음 용돈 날이 돌아올 때까지 어떻게 해야 할까요? 돈을 빌리거나, 부족함을 참거나, 다음 달 용돈을 미리 받아야겠죠? 지구 자원도 마찬가지예요.

　'지구 생태 용량 초과의 날'은 1년 동안 지구가 제공하는 자원의 양보다 인간이 소비하는 자원의 양이 더 많아지는 날입니다. 다시 말해, 지구가 1년 동안 회복할 수 있는 자연의 자원을 모두 써 버리는 날을 말해요. 그 이후부터는 미래의 자원을 빌려 쓰는 것과 같아요.

　예를 들어, 지구가 1년 동안 만들어 낼 수 있는 나무, 물, 공기, 생태 자원이 100개라고 해 봅시다. 그런데 사람들이 8월에 100개를 다 써 버린다면 남은 4개월 동안은 미래 세대가 써야 할 것을 미리 쓰는 것과 같아요. 즉, '지구 생태 용량 초과의 날'이 앞당겨질수록, 우리가 지구의 자원을 너무 많이 낭비하고 있다는 것을 의미해요.

　1971년 최초 생태 용량 초과를 조사한 이후로 매년 날짜가 앞당겨지고 있어요. 2000년에는 9월이었는데, 최근에는 7월 말 혹은 8월 초로 점점 더 빨라지고 있어요. 이는 지구 평균 기준이고 우리나라는 어떨까요? 2025년 기준 우리나라의 '지구 생태 용량 초과의 날'은 4월 9일입니다.

즉, 4월 9일이면 한 해 동안 쓸 자원을 모두 다 써 버리는 셈입니다.

'지구 생태 용량 초과의 날'이 더 이상 앞당겨지지 않도록 많은 나라들이 협약을 맺고 있지만, 그대로 지키기는 쉽지 않습니다. 이날을 미루기 위해 우리는 모두 현재 쓸 수 있는 자원을 최대한 아껴서 사용해야 합니다. '절약'은 또 다른 에너지가 될 수 있습니다.

### 😊 그림책으로 다시 보는 환경 이야기

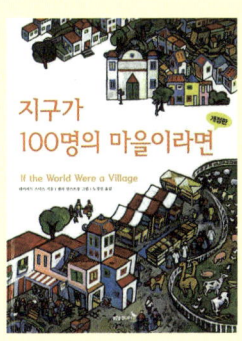

### 지구가 100명의 마을이라면

데이비드 J. 스미스 글, 셸라 암스트롱 그림, 노경실 옮김, 푸른숲주니어, 2011

지구가 100명이 살고 있는 마을이 된다면 어떨까? 국가별로 얼마큼의 인구가 사는지, 어떤 언어를 쓰는지 등등 복잡한 숫자 대신 쉬운 숫자들로 지구촌의 모습을 알아갈 수 있다. 이외에도 식량 문제, 환경 문제 등 지구가 겪는 고통을 소개한다.

**03**

# 우리는 왜 깨끗한 지구에서 살 수 없을까?

**관련 교육 과정 성취 기준**

[6도04-02] 지속가능한 삶의 의미를 탐구하고 미래 세대에 대한 책임을 강화하여 자연의 다양성을 존중하고 생산성을 유지할 수 있는 미래를 위한 실천 방안을 찾는다.

"아, 또 누구야? 누가 똥 싸고 물 안 내렸어?"

소란스러운 쉬는 시간, 누군가의 외침에 정적이 흘렀다. 아이들은 서로를 둘러보더니 이내 키득키득 웃으며 장난을 치거나, 짜증과 분노가 섞인 말들을 쏟아 내기 시작했다.

"하영아, 너 아니야? 너 오늘 똥색 바지 입었잖아."

"아니거든. 너 자꾸 그럴래?"

"도대체 누구냐니까? 누가 변기 막히게 했어?"

"무슨 일이에요?"

소란스러운 소리를 듣고 찾아온 선생님이 아이들을 둘러보며 물었다.

"선생님, 지금 화장실이 똥 때문에 난리 났어요!"

선생님이 문제의 현장인 화장실로 향하자 아이들은 선생님 뒤를 따라갔다.

"으으, 더럽게 왜 따라가? 이럴 땐 가만히 있는 게 상책이지."

앉아서 책을 읽던 하영이는 고개를 절레절레 흔들며 홀로 교실에 남았다.

화장실은 생각했던 것보다 더 심각한 상황이었다. 한 쪽 칸은 변기가 막혔는지 물이 넘쳐 있었고, 옆 칸 변기는 물을 내리지 않은 상태였다. 곧이어 수업 시작을 알리는 종이 울렸고, 교실로 돌아온 아이들은 여전히 어수선한 분위기였다.

 여러분, 진정하세요. 먼저 사용한 사람이 저지른 일 때문에 짜증 나고 억울하죠? 오늘은 이 문제에 대해서 같이 이야기해 봐야 할 것 같아요.

 네. 도대체 누가 그랬는지 꼭 밝혀 주세요.

 화장실에서 본 똥이 잊히지 않아요.

 우웩! 곧 점심시간인데 더러운 얘기 그만해.

다들 진정하세요. 지금부터 우리가 하게 될 이야기는 더러운 이야기가 아니라 조금 불편한 이야기가 될 거예요. 여러분은 잘 느끼지 못하겠지만 먼저 사용한 사람 때문에 불편한 상황은 또 있답니다.

또 있다고요?

지금도 여전히 미세 먼지, 바이러스 때문에 마스크를 많이 쓰고 다니고 있죠? 심지어는 학교를 나오지 못할 때도 있었고요. 선생님 아이는 태어나자마자 마스크를 써야 했어요. 모두들 쉽지 않은 시기였죠?

맞아요. 너무 힘들었어요.

그런데 환경 오염으로 미세 먼지가 많아지거나 바이러스가 다시 유행하게 되면 미래에는 마스크는 물론이고 방독면을 써야 할지도 몰라요. 미세 먼지나 바이러스는 이전에 살았던 사람들이 자연을 훼손하거나 환경을 오염하면서 나타나는 경우가 많아요. 과거의 행동으로 인해 현재의 우리가 피해를 입고 있는 거죠.

네? 말도 안 돼요. 너무 억울해요!

그렇죠? 그럼 오늘은 선생님이랑 '점점 많아지는 온실가스' 놀이를 하며 기후 변화에 대해 조금 더 얘기해 볼까요?

온실가스요?

저 알아요. 이산화 탄소요!

맞아요! 대표적인 온실가스로는 이산화 탄소, 메탄 등이 있답니다. 그런데, 이 온실가스는 도대체 뭘까요?

🧒 지구를 온실처럼 만들어서 적당한 온도로 유지해 주는 기체라고 책에서 봤어요.

👩 맞아요. 온실가스가 공기 중에 머물면서 이불처럼 지구를 덮어 준 덕분에 지구가 적당한 온도를 유지할 수 있었어요. 그래서 지구에는 다양한 생물들이 살 수 있는 거예요. 만약 온실가스가 없다면 지구는 엄청 추울 거예요.

🧒 그럼 온실가스는 좋은 거 아니에요? 왜 온실가스를 나쁘다고 하는 거예요?

🧒 공기 중에 온실가스가 아주 조금 존재해야 하는데, 이산화 탄소 같은 온실가스가 많아져서 문제인 거야. 이불이 너무 두꺼우면 덥고 답답하잖아. 뭐든지 적당해야 좋은 거야.

👩 서진이가 쉽게 잘 설명해 줬네요. 우리가 자원과 에너지를 쓰는 과정에서 온실가스가 발생해요. 우리가 겪고 있는 지구 온난화와 기후 변화는 이 온실가스가 쌓인 결과예요.

🧒 온실가스가 쌓인다고요? 날아가 버리지 않고요?

🧒 우리 눈에 보이지 않아도 공기 중에는 그대로 남아

있대.

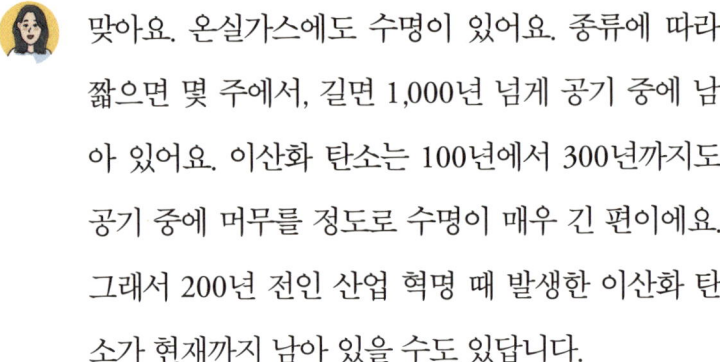 맞아요. 온실가스에도 수명이 있어요. 종류에 따라 짧으면 몇 주에서, 길면 1,000년 넘게 공기 중에 남아 있어요. 이산화 탄소는 100년에서 300년까지도 공기 중에 머무를 정도로 수명이 매우 긴 편이에요. 그래서 200년 전인 산업 혁명 때 발생한 이산화 탄소가 현재까지 남아 있을 수도 있답니다.

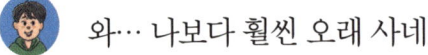 와… 나보다 훨씬 오래 사네.

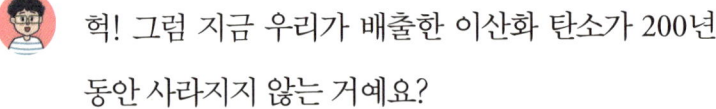 헉! 그럼 지금 우리가 배출한 이산화 탄소가 200년 동안 사라지지 않는 거예요?

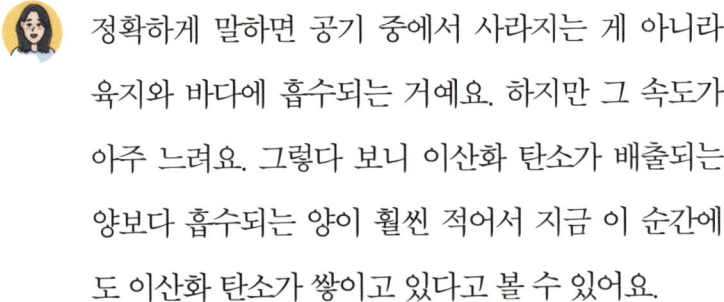 정확하게 말하면 공기 중에서 사라지는 게 아니라 육지와 바다에 흡수되는 거예요. 하지만 그 속도가 아주 느려요. 그렇다 보니 이산화 탄소가 배출되는 양보다 흡수되는 양이 훨씬 적어서 지금 이 순간에도 이산화 탄소가 쌓이고 있다고 볼 수 있어요.

그럼 앞으로도 계속 쌓여서 더 많아지겠네요.

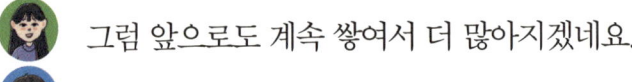 그냥 '뽕!' 하고 사라지면 좋을 텐데….

그러게. 누가 마법이라도 부려서 세상의 모든 쓰레기도 사라지게 하면 좋겠다.

말도 안 되는 소리였지만 아이들은 쓰레기가 사라지는 마법을 상상해 보았다.

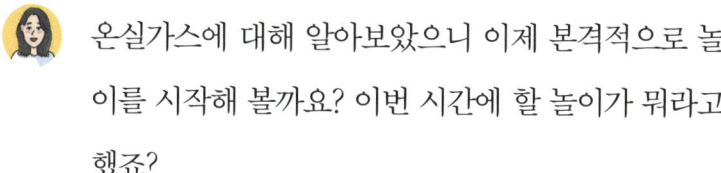 온실가스에 대해 알아보았으니 이제 본격적으로 놀이를 시작해 볼까요? 이번 시간에 할 놀이가 뭐라고 했죠?

 '점점 많아지는 온실가스'요.

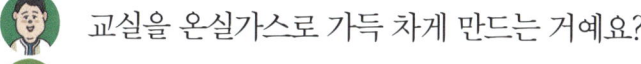 교실을 온실가스로 가득 차게 만드는 거예요?

 안 그래도 많다는데 더 만들면 안 되지.

우리가 교실에서 직접 온실가스를 만들면 좋겠지만 기체는 만질 수도 볼 수도 없어서 쉽지 않아요. 대신 온실가스를 그림으로 표현해 볼 거예요. 큰 종이 한 장을 줄게요. 이 종이를 대기, 즉 하늘이라고 생각하고 여기에 온실가스를 그려 보는 거예요.

기체는 보이지 않는데 어떻게 그려요?

실제 기체를 그리는 게 아니라 온실가스가 공기 중에 얼마나 많이 있는지 크기를 상상해서 그려 보는 거예요. 간단하게 동그라미로 표현해 봅시다!

다 같이 한꺼번에 그리면 안 돼요? 수백 개는 그려

야 할 것 같은데요?

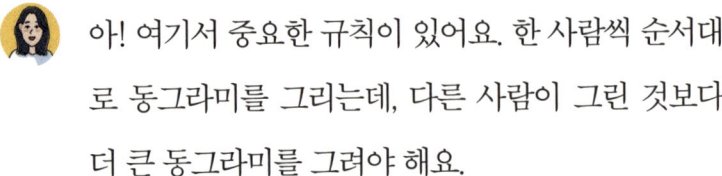 아! 여기서 중요한 규칙이 있어요. 한 사람씩 순서대로 동그라미를 그리는데, 다른 사람이 그린 것보다 더 큰 동그라미를 그려야 해요.

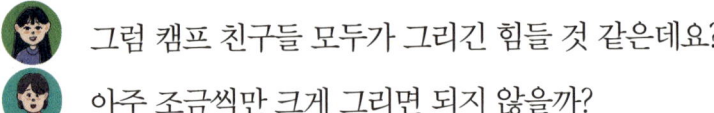 그럼 캠프 친구들 모두가 그리긴 힘들 것 같은데요?

아주 조금씩만 크게 그리면 되지 않을까?

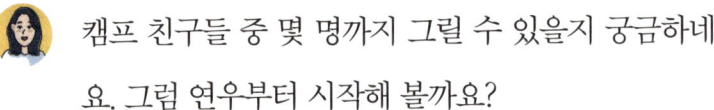 캠프 친구들 중 몇 명까지 그릴 수 있을지 궁금하네요. 그럼 연우부터 시작해 볼까요?

 얼마나 크게 그려야 하지?

처음에 그리는 사람이 중요해. 잘 그려야 돼, 연우야!

 연우는 동그라미를 크게 그리고 싶었지만, 그러면 다른 친구들이 그리지 못하게 될까 봐 마음이 갈팡질팡했다.
 "연우야, 그냥 네가 그리고 싶은 대로 그려."
 서진이의 응원에 연우가 크게 숨을 들이마시고 종이 위에 머리만 한 온실가스 동그라미를 그렸다. 그런 다음 옆에 앉은 준호에게 종이를 넘겼다.
 "더 크게 그리면 되죠? 받아라! 온실가스 폭탄이다!"
 준호가 큰 동그라미를 거침없이 그렸다. 그 순간 여기저기서 탄성이 터져 나왔다.

- 야! 그렇게 크게 그리면 다음 사람들은 어떻게 그리라는 거야?
- 이미 대기 중에 온실가스 많은 거 아니야? 아직 공간 많이 남았잖아. 그럼 다시 작게 그릴까?
- 이미 배출한 온실가스를 다시 주워 담을 수는 없습니다.

단호한 선생님의 말에 모두 당황했다. 그래도 아직 공간은 충분했다. 서진이는 다음 사람을 생각하며 조심조심 동그라미를 그렸다. 아직 그리지 못한 아이들은 종이에서 눈을 떼지 못했다. 지민이가 그 다음 차례였다.

 선생님, 혹시 조금 겹쳐서 그려도 돼요?
 그건 생각해 보지 못한 건데, 여러분 생각은 어때요?
 아까 선생님께서 육지와 바다에 흡수된다고도 하셨고, 뉴스에서 봤는데 이산화 탄소를 재활용할 수도 있댔어요. 그럼 조금 겹쳐도 괜찮지 않을까요?
 오, 맞아요! 그런 멋진 생각을 하다니! 그렇지만 너무 많이 겹치는 것은 안 될 것 같아요.
 우와, 우리 좀 더 살 수 있겠다. 나까지는 희망이 있어!
 내가 동그라미 하나 그리고 나면 아무도 못 그리겠는데?

지민이와 하영이가 순서대로 온실가스 동그라미를 그리고 나자 종이는 꽉 찬 듯 답답해 보였다.

난 도저히 자리가 없는데? 쪼개서 그리면 안 돼요?

 처음 정한 규칙이 있기 때문에 그건 안 되겠죠?

 너무 빨리 끝났어요. 억울해요. 너희가 앞에서 너무 크게 그려 버려서 내가 그릴 공간이 없잖아. 뒷사람을 생각했어야지! 이기적이야. 선생님, 순서 바꿔서 한 번만 다시 해요.

 아쉽지만 이 게임은 딱 한 번뿐입니다. 우리에게 지구는 하나뿐이고 시간을 되돌릴 수는 없으니까요. 가장 마지막에 그린 친구가 누구죠?

 저요.

 마지막으로 온실가스를 그린 하영이는 2020년대를 살고 있는 지금 우리들을 의미해요.

 그럼 그 전에 그린 사람들은 옛날 사람들이에요?

 맞아요! 과거로 거슬러 2010년대 사람, 2000년대 사람, 1990년대 사람, 1980년대 사람, 1970년대 사람을 의미해요.

 내가 제일 어른이야?

 어른이 잘 사용했어야지.

 자, 여러분들이 그린 그림을 다 같이 보고 이야기해

볼까요? 지구에 사라지지 않고 남아 있는 온실가스는 누가 배출한 건가요?

 우리요.

 옛날 사람들이요!

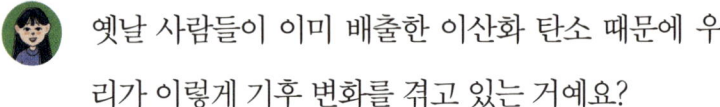 옛날 사람들이 이미 배출한 이산화 탄소 때문에 우리가 이렇게 기후 변화를 겪고 있는 거예요?

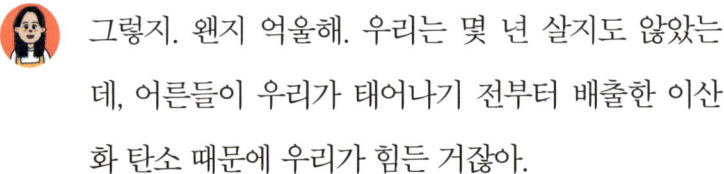 그렇지. 왠지 억울해. 우리는 몇 년 살지도 않았는데, 어른들이 우리가 태어나기 전부터 배출한 이산화 탄소 때문에 우리가 힘든 거잖아.

그럼 우리 잘못이 아니잖아? 어른들 잘못이네.

하지만 우리도 살면서 계속 온실가스를 배출하게 될 텐데?

어른들도 많이 누리고 살았으니까 우리까지만 배출하면 안 될까? 지금 당장 더워 죽겠는데….

기후 변화는 다음 세대한테만 영향을 주는 게 아니야. 우리가 배출한 이산화 탄소는 미래를 살아갈 아이들뿐만 아니라, 현재의 우리와 어른들에게도 영향을 미쳐. 그러니 우리부터라도 온실가스를 줄이기 위해 노력해야 돼.

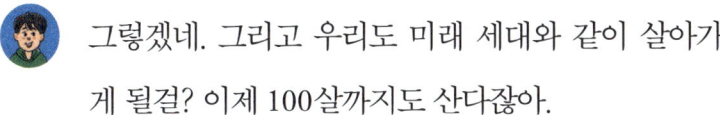 그렇겠네. 그리고 우리도 미래 세대와 같이 살아가게 될걸? 이제 100살까지도 산다잖아.

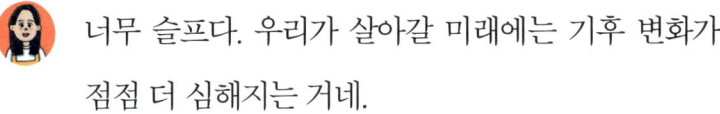 너무 슬프다. 우리가 살아갈 미래에는 기후 변화가 점점 더 심해지는 거네.

어쩐지 생각이 복잡해지죠? 이제 오늘의 놀이를 정리하고 함께 생각을 나눠 봅시다. 만약 여러분이 어른이 되었을 때, 여러분보다 어린 아이들이 '기후가 왜 이렇게 달라졌나요?'라고 물으면 어떻게 대답을 하면 좋을까요?

 

선생님의 질문에 아이들은 저마다 생각에 잠겼다. 연우는 얼마 전 할아버지 댁에 갔을 때 나눴던 이야기를 떠올렸다.

"에휴, 우리 손주들 사진은 모두 마스크 쓴 사진뿐이네. 우리 어렸을 때는 상상도 못한 일이다."

다 같이 가족 앨범을 들여다보던 중에 할아버지가 안타까운 목소리로 말했다. 그 이야기를 듣던 아빠도 공감하는 듯했다.

"그러게 말이에요. 미래에 연우 자식들은 마스크가 아니라 방독면 끼고 다니는 거 아닌가 모르겠어요."
"할아버지 어렸을 때는 환경이 좋았어요? 왜 이렇게 달라졌어요?"

## 홍쌤의 환경 톡톡 Talk Talk!

　이번 시간에는 지금의 지구 환경이 과거와 다른 이유에 대해 시간을 거슬러 추측해 보았습니다. 해마다 역대 최고 온도, 최대 폭염 일수를 기록했다는 뉴스를 접하고 있어요. 점점 더워지는 여름 날씨 때문에 우리가 앞으로 겪게 될 여름 중 올해가 가장 시원할 거라는 예상이 매년 이어지고 있어요. 정말 끔찍하지 않나요? 앞으로 우리는 어떻게 살아가죠?
　언제부터 기후가 이렇게 된 걸까요? 여러분의 할머니, 할아버지가 어렸을 때는 여름에 이렇게까지 덥지 않았다고 해요. 그사이 무슨 일이 일어난 걸까요? 거의 모든 분야에서 개발과 발전이 이루어져 우리는 예전보다 편리함과 풍요로움을 누리고 있어요. 하지만 그 과정에서 배출된 이산화 탄소가 계속 쌓여서 기후 변화를 일으켰어요. 그래서 극단적인 기상 이변이나 바이러스 전염과 같은 위험에 더 많이 노출되고 있어요.
　뭔가 억울한 생각이 들죠. 앞선 세대가 배출한 이산화 탄소 때문에 우리가 살아갈 환경이 안 좋아지고 생활에 지장을 줄 정도니까요. 이럴 때 우리는 어떤 생각과 행동을 해야 할까요? 어차피 안 좋아진 환경이니 함부로 해도 괜찮을까요? 고장 난 변기를 그대로 두지 않고 해결해야 하는 것처럼 적극적으로 행동해야 합니다. 우리는 이 지구에서 계속 살아가야 하니까요.

## 😊 환경 지식 더하기

### 나한테 다음 세대의 운명이 달렸다고?

'할머니, 할아버지가 어렸을 때는 자연이 더 깨끗했을까?'

'우리가 누리는 환경과 자원이 미래에도 그대로 남아 있을까?'

'세대 간 불평등'은 한 세대가 자원을 과하게 소비하거나, 환경을 훼손하면서 미래 세대의 삶에 영향을 미치는 것을 의미해요. 어떤 세대는 많은 자원을 사용하면서 편하게 살고, 다른 세대는 그 때문에 어려움을 겪는다면 누군가는 너무 억울하겠죠? 환경은 계속 변하기 때문에 지금 당장의 환경뿐 아니라 과거와 미래의 환경을 고려하여 어떤 영향을 주고받는지 고민해 봐야 해요.

지금 우리가 에어컨을 세게 틀고, 차를 마음껏 타면 지구는 계속 뜨거워질 거예요. 그러면 자연재해가 지금보다 더 자주 일어나고, 더 심각해지겠죠. 우리가 물건을 쉽게 사고 버리면, 세상은 쓰레기로 가득 차고 동물들이 살 수 있는 곳이 사라질 거예요.

이렇게 보면 현재 세대가 누리는 혜택은 미래 세대가 희생해야 가능한 경우가 많아요. 현재 세대가 온실가스를 많이 배출하고 자연을 파괴하면 미래 세대는 더 심각한 기후 위기를 겪어야 해요.

게다가 우리가 석유, 물, 숲 등의 자원을 빠르게 소비한다면, 미래 세대는 지구 자원 없이 살아가야 할 수도 있어요. 우리가 환경 문제를 방치하고 경제적 이익만 우선한다면, 미래 세대는 이를 해결하기 위해 더 큰 경제적 부담을 떠안아야 해요. 이건 명백한 세대 간 불평등이죠!

우리는 모두 미래 세대였다가 '현재'를 살고 있는 거예요. 지금 당장 '나까지만 누리면 되지!'라는 생각보다 '다음 사람들도 누렸으면 좋겠어.'라는 마음으로 조금씩 환경을 위한 행동을 실천해 봐요.

## ☺ 그림책으로 다시 보는 환경 이야기

### 죽음의 먼지가 내려와요
김수희 글, 이경국 그림, 미래아이, 2015

미세 먼지가 일상이 되어 버린 어느 날, 중국에 사는 8살 소녀는 친구가 미세 먼지로 인해 폐암에 걸렸다는 사실에 슬퍼한다. 그리고 친구가 세상을 떠난 지 얼마 뒤, 소녀도 폐암에 걸리게 된다. 이전 세대의 환경 파괴로 인해 미래 세대가 겪게 될 일을 어린이의 시선에서 그린다.

# 2부
# 지구의 숨겨진 비밀을 밝혀라!

# 꿀벌이 사라지는 게 나랑 무슨 상관이야?

**관련 교육 과정 성취 기준**

[2바01-04] 생태환경에서 더불어 살기 위해 노력한다.
[4도04-02] 인간과 자연이 함께 살아야 하는 이유를 이해하고 공생을 위한 구체적인 실천 계획을 세우며 생태 감수성을 기른다.

"으악, 저게 뭐야?"

조잘조잘 평화롭던 쉬는 시간에 누군가 소리를 질렀다. 교실에 있던 아이들 모두 소리 나는 쪽을 쳐다보았다.

"벌이다! 나 너무 무서워. 우릴 독침으로 쏘면 어떡해?"

벌이라는 소리에 교실에 있는 친구들이 모두 깜짝 놀라 소리를 질렀다. 벌은 교실 안을 정신없이 돌아다녔고, 아이들은 벌을 피해 다니기 바빴다. 순식간에 교실이 아수라장이 되었다. 연우와 건우가 아이들을 진정시키려 애쓰며 천천히 벌에게 다가갔다.

"침착해, 애들아."

"저게 뭐야? 말벌이야?"

"그렇게 크지 않은데? 꿀벌이네."

"으악, 내 머리 위에 있어!"

"내가 잡아 줄게. 가만히 있어."

건우가 책 한 권을 들고 와서 벌을 향해 휘둘렀다. 벌이 계속 교실 안을 맴돌자 모두들 어찌할 줄 몰라 했다. 그때 누군가 소리쳤다.

"빨리 잡아 죽여. 도망가면 어떡해?"

"꿀벌도 생명이 있는 동물인데… 죽이지는 말자."

건우가 벌을 내리치려는 순간 서진이가 겁먹은 표정으로 말했다. 소란스러운 소리에 이끌려 교실에 온 선생님은 잠시 상황을 파악한 뒤, 아이들에게 말했다.

"창문을 열어서 꿀벌이 나갈 때까지 기다려 봐요. 가만히 있으면 괜찮을 거예요."

"그래, 얘들아. 우리가 소리 지르면 꿀벌이 놀라서 더 헤맬지도 몰라."

연우가 선생님의 말에 맞장구를 치며 창문을 열었다. 잠시 뒤, 신기하게도 선생님의 말대로 벌이 창문 밖으로 날아갔다. 숨죽인 채 눈으로 벌을 좇던 아이들이 동시에 안도의 환호성을 질렀다.

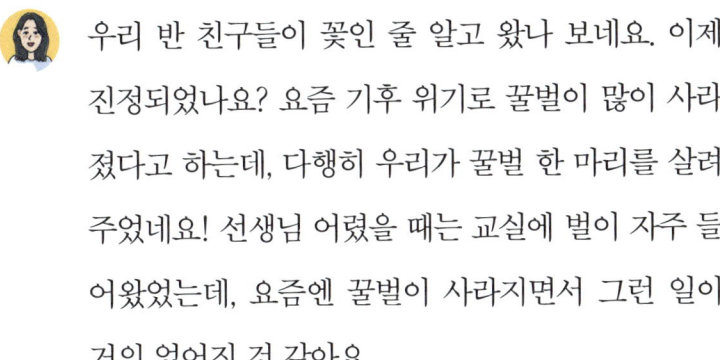우리 반 친구들이 꽃인 줄 알고 왔나 보네요. 이제 진정되었나요? 요즘 기후 위기로 꿀벌이 많이 사라졌다고 하는데, 다행히 우리가 꿀벌 한 마리를 살려 주었네요! 선생님 어렸을 때는 교실에 벌이 자주 들어왔었는데, 요즘엔 꿀벌이 사라지면서 그런 일이 거의 없어진 것 같아요.

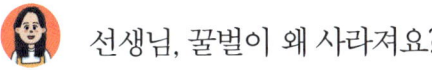선생님, 꿀벌이 왜 사라져요?

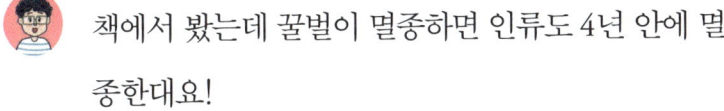책에서 봤는데 꿀벌이 멸종하면 인류도 4년 안에 멸종한대요!

뭐? 정말? 꿀벌이 우리랑 무슨 상관인데요?

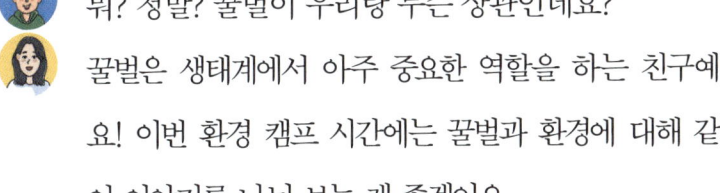꿀벌은 생태계에서 아주 중요한 역할을 하는 친구예요! 이번 환경 캠프 시간에는 꿀벌과 환경에 대해 같이 이야기를 나눠 보는 게 좋겠어요.

아이들은 이제는 보기 힘들어진 꿀벌이 자신과 무슨 상관이 있는지 궁금해하며 선생님의 말에 귀를 기울였다.

여러분은 '벌'이라고 하면 가장 먼저 뭐가 떠오르나요?

뾰족한 독침이 생각나요.

아까 본 꿀벌이요. 달콤한 꿀도 생각나요.

 좋아요. 우리에게 꿀을 제공하는 꿀벌이 있지요. 그런데 벌의 종류가 2만 종이 넘는다는 사실을 알고 있나요?

 벌의 종류가 그렇게나 많다고요?

 네, 우리는 정말 다양한 종류의 벌들과 함께 살고 있답니다. 그런데 꿀벌이 사라지면 꿀만 줄어드는 게 아니라 우리가 먹는 음식 중 3분의 1이 사라질 수도 있어요.

 엥? 그게 무슨 소리예요?

 말도 안 돼!

아이들은 믿기 힘든 선생님의 말에 놀란 눈으로 선생님을 바라보았다. 반응을 예상했던 선생님은 계속해서 말을 이어 갔다.

 벌들은 우리가 아는 것보다 훨씬 더 많은 일을 하고 있어요. 꿀벌처럼 꿀을 모으는 일도 하지만, 꿀벌을 포함한 모든 벌들은 식물이 열매를 맺고 씨앗을 만들 수 있도록 도와주는 일도 해요.

 그걸 벌이 어떻게 도와줘요?

 벌이 이 꽃, 저 꽃 날아다니면서 몸에 꽃가루를 묻혀서 옮겨 준대. 그 덕분에 식물들이 씨앗을 만들어 자손을 퍼트리고 열매를 맺는 거야.

 맞아요. 우리가 먹는 대부분의 과일과 채소는 벌이 꽃가루를 옮겨 준 식물에서 얻은 것이랍니다. 이번 시간에는 꿀벌이 되어서 벌이 생태계에 얼마나 중요한지 알아보는 시간을 가져 볼까요?

신기하고도 알쏭달쏭한 자연의 이야기에 빠져드는 순간, 선생님이 놀이 한 가지를 제안하였다.

 이번 시간에 할 놀이는 '열매 맺기' 놀이예요. 우리 반이 작은 배 농장이라 생각하고 놀이를 할 공간을 만들어 볼까요?

아이들이 책상과 의자를 교실 뒤로 밀자 교실 가운데에는 배 농장이 될 공간이 금세 만들어졌다.

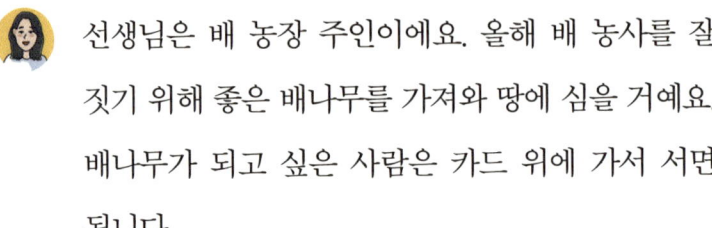 선생님은 배 농장 주인이에요. 올해 배 농사를 잘 짓기 위해 좋은 배나무를 가져와 땅에 심을 거예요. 배나무가 되고 싶은 사람은 카드 위에 가서 서면 됩니다.

　배나무 카드는 교실 중앙 바닥에 놓였다. 선생님의 말이 끝나기 무섭게 연우와 건우가 카드 위에 서서 자리를 차지했다. 간발의 차이로 카드 위에 서지 못한 지민이가 아쉬운 듯 한숨을 내쉬며 선생님에게 물었다.

 선생님, 그럼 나머지 사람들은 뭐 해요?
 당연히 꿀벌이겠지.
 빙고! 그런데 꿀벌들이 위기에 처해 많이 사라졌다고 하니 모두가 꿀벌로 활동할 수는 없습니다. 두 명씩 짝을 지어 가위바위보를 해서 진 사람은 제자리에 앉으세요.

　나무가 되지 못해 아쉬워했던 지민이는 누구보다 간절한 마음으로 가위바위보를 했다. 과연 누가 꿀벌이 되었을까?

"으악! 나 죽은 거야? 꽃가루는 옮겨 보지도 못하고 죽게 되다니!"

가위바위보에서 진 준호가 죽는 시늉을 하며 교실 바닥에 쓰러졌다. 그 모습에 아이들은 웃음을 터트렸다.

 그럼 이제부터 꿀벌 두 마리와 함께 배를 키워 보겠습니다.

"아휴, 꿀벌들이 점점 줄어들어서 올해 배 농사는 또 어떡하나. 배나무는 가지도 쭉쭉 뻗고 꽃들도 다 피었는데 꿀벌이 두 마리밖에 없네…. 잘 부탁한다, 꿀벌들아."

선생님은 배 농장 주인을 연기하며 꿀벌들에게 젓가락을 주었다. 꿀벌 역할을 맡은 지민이와 서진이는 진지한 표정으로 젓가락을 받아 들었다. 배나무 역할을 맡은 연우와 건우에게는 빈 접시가 주어졌고, 교실 앞 책상에는 콩이 잔뜩 든 접시가 놓였다.

 이 콩은 무엇을 의미하는 걸까요?
 꽃가루요!

콩을 젓가락으로 옮기는 놀이예요?

 서진이와 연우 말이 맞아요. 제한 시간 동안 꿀벌들이 부지런히 꽃가루인 콩을 옮겨서 배나무가 열매를 맺을 수 있도록 돕는 거예요! 꽃가루를 옮기는 동안 떨어뜨릴 수도 있겠죠? 쉬운 게 아닙니다. 그래도 반드시 젓가락으로만 옮겨야 합니다.

 시간은요?

 3분 주도록 하겠습니다. 준비, 시작!

  선생님의 신호와 함께 지민이와 서진이가 조심스럽게 콩을 빈 접시로 옮기기 시작했다. 동그란 콩을 젓가락으로 집어 옮기려니 오늘따라 교실이 넓게만 느껴졌다.

 아, 아쉬워! 거의 다 왔는데….

 연우 배나무, 내 꽃가루를 받아라!

 좋아, 조금만 더! 성공이다. 난 꽃꿀을 줄게.

  꼼짝할 수 없는 배나무들 사이로 꿀벌들이 조심스럽게 꽃가루를 옮겼다. 다른 친구들은 자리에 앉아서 간절한 마음으로 응원하며 지민이와 서진이를 지켜보았다.

 3분이 지났습니다. 꿀벌들이 꽃가루를 얼마나 옮겼는지 다 같이 세어 볼까요?

"하나, 둘, 셋, 넷, 다섯 … 열여덟, 열아홉!"
선생님이 접시에서 콩을 들어 보여 줄 때마다 아이들이 한목소리로 숫자를 셌다. 숫자가 커질수록 아이들의 목소리도 함께 커졌다.

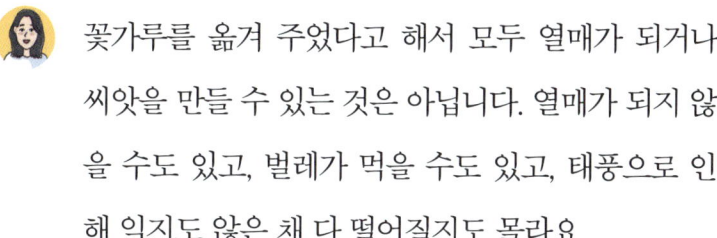 꽃가루를 옮겨 주었다고 해서 모두 열매가 되거나 씨앗을 만들 수 있는 것은 아닙니다. 열매가 되지 않을 수도 있고, 벌레가 먹을 수도 있고, 태풍으로 인해 익지도 않은 채 다 떨어질지도 몰라요.
 배가 적게 열리면 어떻게 돼요?
 많이 못 사 먹는 거지. 그럼 배가 귀해서 엄청 비싸지게 될 거고.
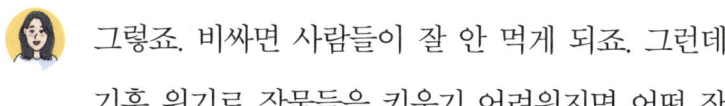 그렇죠. 비싸면 사람들이 잘 안 먹게 되죠. 그런데 기후 위기로 작물들을 키우기 어려워지면 어떤 작

물들은 비싸서 안 먹는 게 아니라 아예 없어서 못 먹을 수도 있어요.

 꿀벌이 너무 없어서 농부들이 직접 붓으로 꽃가루를 옮겨 주기도 한대요.

 맞아요. 그럼 이번에는 앉아 있었던 꿀벌들까지 힘을 합해 꽃가루를 옮겨 보도록 할게요. 시간은 똑같이 3분입니다.

"와! 나 살아났다. 내 실력을 보여 주겠어."

선생님은 앉아만 있었던 준호와 하영이에게도 젓가락을 주었다. 모두 비장한 표정으로 선생님의 신호를 기다렸다.

"작년처럼 배가 적게 열리면 안 되는데… 꿀벌 대신 꽃가루를 옮겨 주는 건 너무 힘들어서 못 하겠고. 이젠 외국에서 꿀벌을 사 와서 풀어 줘야 한다니. 비싸고 귀한 꿀벌들아, 잘 부탁한다."

선생님의 시작 신호와 함께 아이들은 부지런히 콩을 집었다. 젓가락으로 콩을 옮기는 일은 마음처럼 쉽지 않았다. 아까보다 잘하고 싶은 마음에, 처음이니 떨리는 마음에 자꾸만 콩을 놓쳤다. 아이들의 마음이 조금씩 조급해졌다.

 여러분, 너무 조급해하지 말고 크게 심호흡을 한 뒤, 다시 차분하게 하나씩 옮겨 봅시다. 다들 너무 잘하고 있어요.

 선생님의 격려와 응원에 힘입은 아이들이 크게 심호흡을 한 뒤, 다시 한번 콩을 집었다. 그러자 콩을 집는 데에 조금씩 익숙해지면서 옮기는 속도도 빨라지고 자신감도 생기기 시작했다. 처음 콩을 옮길 때보다 더 많은 친구들이 모여서 그런지 신이 나서 노래까지 주고받으며 콩을 옮겼다.

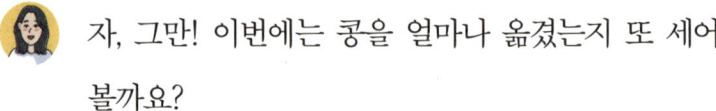  자, 그만! 이번에는 콩을 얼마나 옮겼는지 또 세어 볼까요?

  더 잘할 수 있었는데! 너무 아쉬워요.

하하, 그런가요? 그래도 포기하지 않고, 차분히 계속 시도하는 모습이 멋졌어요. 모두들 칭찬해요. 그럼 얼마나 많은 콩을 옮겼는지 확인해 볼까요?

아이들은 조마조마한 마음으로 콩이 든 접시를 바라보았다. 걱정했던 것과는 달리 콩은 한눈에 보기에도 이전보다 훨씬 많아 보였다. 아이들은 점점 신이 나서 콩을 세기 시작했다.

"하나, 둘, 셋, 넷, 다섯… 쉰, 쉰하나, 쉰둘, 쉰셋!"

아까보다 더 큰 환호성이 터져 나왔다. 아이들은 믿을 수 없다는 듯 서로를 바라보며 뿌듯해했다. 기쁜 웃음소리와 감탄이 동시에 터져 나왔다.

🧑‍🦰 농장 주인으로서 여러분에게 이렇게 열심히 일해 줘서 고맙다고 말하고 싶네요! 농사는 농부만 짓는 게 아니라 벌도 같이 짓는 거네요. 여러분 덕분에 올해는 배가 주렁주렁 열릴 것 같아요.

🧑‍🦰 그런데 우리 반 꿀벌들은 외국에서 사 온 거잖아요. 실제 꿀벌들은 얼마나 사라지고 있는 거예요?

🧑‍🦰 하영이가 중요한 질문을 해 주었네요. 국내에서는 2022년에만 전체의 18퍼센트인 꿀벌 78억 마리가 사라졌다고 해요.

🧑 꿀벌들이 왜 사라지는 건데요?

🧑‍🦰 그 이유는 아직 정확하게 알 수 없어요. 그래도 추측해 볼 수는 있겠죠? 첫 번째 이유는 기후 변화예요. 기후 변화에 적응하지 못한 벌들이 사라지고 있어요. 게다가 도시화로 벌들이 사는 곳이 줄어들고 있어요.

🧑‍🦰 결국엔 또 우리 때문이네요.

🧑‍🦰 그렇다고 볼 수 있죠. 벌들이 사라지는 이유에는 질병과 농약도 있어요. 벌들이 점점 사라지면서 농사 짓기가 힘들어진 농부들은 배 농장 사장님처럼 꿀

벌을 세계 곳곳에서 사 와요. 이처럼 꿀벌을 이동시키는 과정에서 질병이 퍼져 죽기도 하고, 농약의 독성이 벌들에게 부정적인 영향을 끼치기도 해요. 해충을 죽이려다 꽃가루를 옮기는 벌까지 죽이는 셈이죠.

 벌이 사라지면 우리는 어떻게 되는 거예요?

 어떻게 될까요? 평소에는 보기 힘든 꿀벌이 사라지는 게 우리와 무슨 상관이 있을지 함께 이야기해 봅시다.

 지금 당장 바뀌는 것은 없지만 점점 우리가 먹을 것이 사라질 것 같아요.

 그럼 우리들도 굶어 죽는 거야?

 지구상에서 벌이 사라진다면 인류도 함께 사라지는 거야. 과학자들이 밝혀낸 시간이 벌이 사라진 후로 4년이라고 했으니 서서히 알게 되겠지!

 맞아요. 유엔 식량 농업 기구에 따르면 100대 농작물 가운데 70종 이상이 벌의 도움으로 생산된다고 해요. 만약 오늘 열매 맺기 놀이를 통해 배운 것처럼 꿀벌이 없어지면 우리가 좋아하는 과일과 채소뿐만 아니라

많은 농작물을 더 이상 얻지 못하게 될 거예요. 그다음은 어떻게 될까요?

 과일과 채소 없이 밥이랑 고기만 먹는 건 안 되나요?
 그렇게 생각할 수 있겠네요. 하지만 고기도 얻지 못하게 될 거예요. 농장 동물들의 먹이도 대부분 벌들이 꽃가루를 옮겨 준 식물들이니까요.

 그럼 먹을 게 하나도 없겠는데요? 너무 슬퍼요.
 맞아요. 음식을 다양하게 즐길 수 없게 돼요. 만약 벌이 사라진다면 벌의 도움 없이 자라는 벼나 밀로

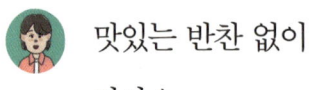 만든 쌀밥이나 빵 같은 것만 먹어야 할지도 몰라요. 맛있는 반찬 없이 밥만 먹으면 밥맛이 너무 없을 것 같아요.

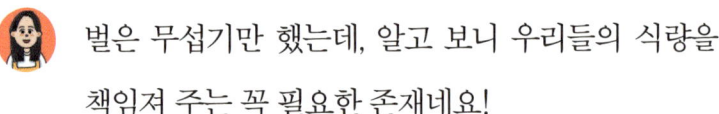 그렇죠? 이뿐만 아니라 매일 비슷한 음식만 먹어서 몸에 필요한 영양분을 골고루 섭취하지 못할 수도 있어요. 그래서 유엔에서는 전 세계적으로 벌의 가치와 사라지는 벌들의 존재를 알리기 위해 2017년부터 매년 5월 20일을 '세계 벌의 날'로 지정했다고 해요.

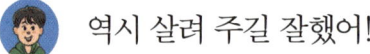 벌은 무섭기만 했는데, 알고 보니 우리들의 식량을 책임져 주는 꼭 필요한 존재네요!

역시 살려 주길 잘했어!

아이들의 마음속에 꿀벌과 연결된 고리가 희미하게 생기고 있었다. 아이들에게 꿀벌은 더 이상 작고 하찮은 곤충이 아니었다. 꿀벌은 아이들이 음식을 먹을 수 있도록 돕는 귀하고 소중한 곤충이었다.

## 홍쌤의 환경 톡톡 Talk Talk!

이번 시간에는 나와 전혀 상관없을 것 같은 존재와의 관계를 생각해 보는 시간을 가졌습니다. 멸종 위기의 동물과 식물, 혹은 곤충을 보고 그냥 지나친 적 있지 않나요? 북극곰과 기후 위기 뉴스를 너무 자주 접해서 별 감흥이 없어졌나요?

여기저기서 위기에 처한 지구의 소리가 들리지만 정작 우리는 이런 문제에는 관심이 없거나, 달라질 의지를 느끼지 못합니다. 왜 그럴까요? 나와 상관없다고 생각하기 때문입니다. 이번 캠프 시간에 다룬 '꿀벌'도 그저 작은 곤충 가운데 하나일 뿐이라고 생각할 수 있죠. 하지만 농사를 짓는 농부에게 꿀벌은 아주 중요한 존재입니다. 이는 우리가 먹는 음식과도 직접적인 관련이 있죠.

자세히 들여다보면 지구상에 존재하는 모든 것들은 서로 관계를 맺으며 연결되어 있습니다. 나와 가깝거나 먼 차이만 있을 뿐, 결국에는 나와 연결되어 있어요. '꿀벌'과 우리 집 '식단'도 몇 개의 연결 고리로 이어져 있습니다. 그러니 나와 세계를 이루는 모든 것이 서로 연결되어 있다는 것을 깨닫고, 나와 어떤 관계를 맺고 있는지 연결 고리를 찾는 연습을 해 봅시다. 나아가 나와 환경을 위해 할 수 있는 일은 무엇인지 고민해 볼까요?

## 😊 환경 지식 더하기

### 우리는 서로 연결되어 있어

여러분은 나 자신이 환경과 얼마나 연결되어 있다고 생각하나요? 우리는 매일 공기, 물, 음식과 같은 지구 자원을 사용하고 있어요. 그리고 우리의 행동은 환경에 영향을 미치죠. 그러니 내가 환경에 영향을 주고, 환경도 나에게 영향을 준다는 걸 깨닫고, 환경을 내 삶의 일부로 받아들이는 태도가 필요해요.

여러분, 혹시 이렇게 생각한 적 있나요? '환경 문제? 그거 나랑 상관없잖아!', '북극곰이 사라지든 말든, 난 한국에 사니까 괜찮은 거 아니야?' 그런데 정말 아무 상관이 없을까요?

쓰레기는 나의 생활과 연결되어 있어요. 배달 음식을 맛있게 먹고 나면, 쓰레기를 치워야 하죠? 내가 치운 쓰레기들은 어디로 갈까요? 쓰레기를 쓰레기통에 버린다고 해서 쓰레기가 사라지는 건 아닙니다. 아무렇지 않게 지나쳤던 해변의 플라스틱이 결국 미세 플라스틱이 되어 우리 식탁에 올라올 수도 있어요.

기후 변화와 나의 미래도 연결되어 있지요. 지구 온도가 계속 올라가면 폭염, 태풍, 가뭄 같은 기후 변화가 더 심해져요. 그러면 우리가 여행 가고, 야외 활동을 즐길 자연도 점점 사라질 거예요.

환경을 '남의 일'이라고 생각하면 환경 보호를 실천하기 어려워요. 하지만 내 건강, 내 미래와 연결되어 있다고 생각하면 작은 행동이라도 바꾸게 돼요. 내가 일회용품을 줄이면 바다가 깨끗해지고, 내가 대중교통을 이용하면 공기가 맑아지고, 내가 환경을 배려하는 소비를 하면 기업도 변하게 돼요. 그러니 나와 상관없다고 생각했던 환경 보호를 내 삶과 연결된 것으로 이해하고 실천해야 해요. '환경 보호는 나를 위한 일'이라는 걸 기억하고 작은 실천부터 시작해 볼까요?

### 😊 그림책으로 다시 보는 환경 이야기

### 꿀벌과 거미를 지켜 줘
에밀리 바스트 글·그림, 박나리 옮김, 풀빛, 2020

어느 날, 꿀과 꽃가루를 나르던 꿀벌이 춤을 추는 거미를 구경하다 그물에 걸리고 만다. 그물을 찢고 겨우 빠져나온 꿀벌과 그런 꿀벌에게 자신의 거미줄을 찢었으니 사과하라는 거미는 각자의 이야기를 나누며 서로의 역할과 고통을 공유한다.

## 02 지구 생태계에 왜 구멍이 났을까?

**관련 교육 과정 성취 기준**

[2슬01-04] 사람과 자연, 동식물이 어우러져 사는 생태를 탐구한다.
[4과14-02] 생물 요소들의 먹고 먹히는 관계를 조사하여 먹이그물로 표현할 수 있다.
[4과14-03] 인간 활동이 생태계에 미치는 영향을 조사하고, 생태계 보전을 위해 우리가 할 수 있는 일을 토의하여 실천할 수 있다.

"야호! 드디어 여우숲에 가는 날이다."
"밖으로 나가는 게 그렇게 좋으니?"
"제가 야외 활동 때문에 환경 캠프 신청했잖아요. 이날만을 기다렸어요."

여우숲은 여우 굴이 많아서 붙은 이름이라는데, 정작 여우숲에서 여우를 본 사람은 아무도 없었다. 그럼에도 아이들의 마음은 혹시나 하는 기대감으로 부풀어 올랐다.

그런데 여우숲에 들어서면서 아이들의 기대가 조금씩 실망으로 바뀌기 시작했다. 아이들은 여우는 아니더라도 다람쥐나 청솔모, 참새와 같은 다양한 동물들을 볼 수 있을 것이라 생각했었다. 하지만 다람쥐 한 마리조차 보기 힘들었다. 게다가 알록달록 우거진 나무들을 기대했던 아이들의 기대와는 달리 나무들이 모두 베여 기둥만 보였다. 군데군데 사람들이 버리고 간 쓰레기도 많았다.

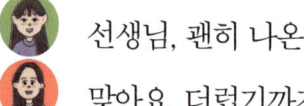 선생님, 괜히 나온 것 같아요. 아무것도 없잖아요.
맞아요. 더럽기까지 해요.
그래도 난 좋은데? 오랜만에 밖에 나오니 좋잖아.
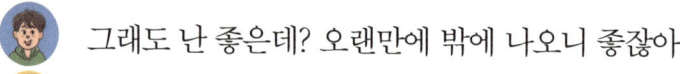 여러분이 상상했던 숲의 모습과는 다르죠?
네, 사실 조금 실망했어요.
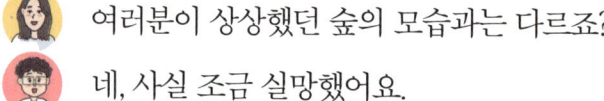 그럴 수 있겠네요. 그래도 각자 조금 더 둘러본 뒤, 교실로 돌아가 함께 이야기를 나눠 봅시다.

아이들은 아쉬운 마음을 뒤로하고 주변을 돌아다니며 숲을 관찰했다. 자세히 보니 다양한 초록빛 풀이 돋아 있었고, 처음 보는 꽃도 피어 있었다. 얼마 뒤 교실에 들어가자 선생님이 사진 한 장을 보여 주었다.

 어? 아마존이다!
 어떻게 사진만 보고 바로 알았어요? 맞아요, 아마존

열대 우림 사진이에요. 그림 작품처럼 정말 멋지죠? 이 아마존에는 어떤 생물들이 살고 있을까요?

원숭이, 오랑우탄이요!

다큐멘터리에서 봤는데 아마존에는 재규어나 나무늘보도 많대요.

아마 우리가 모르는 동물들도 많이 살고 있을 거예요. 땅속이나 나무 속에 사는 곤충도 있고, 동물들이 영양분을 보충하는 데에 필요한 식물들도 있지요. 과연 어떤 식물들이 살고 있을까요?

식물들은 이름을 잘 모르겠어요. 바나나? 야자수?

사진으로만 봐도 느껴지듯이 동물보다 더 다양한, 이름 모를 풀, 꽃, 나무 들이 살고 있을 것 같죠? 아마존에는 탄소를 흡수하고 산소를 생성하는 식물들이 많아서 아마존을 '지구의 허파'라고 부른답니다.

선생님이 아마존의 다양한 모습을 보여 주었다. 아이들은 한 번도 보지 못한 동식물들을 보며 신기해했다.

오늘은 열대 우림에 사는 생물이 되어 볼 거예요. 어

떤 생물들이 살고 있는지 인터넷으로 더 찾아볼까요?

아이들은 컴퓨터에 '열대 우림', '열대 우림 생물'과 같은 검색어를 입력해 다양한 생물을 찾아보았다.

 나는 귀여운 카피바라 할래!

 나는 나무늘보! 엄마가 느릿느릿 행동한다고 나무늘보라고 했거든. 어때? 나한테 잘 어울려?

 아, 이 새 이름이 투칸이구나! 나는 투칸 할래!

아이들은 카이만, 금강앵무, 자이언트수달, 긴팔원숭이, 개미핥기, 아나콘다, 독화살개구리 등등 익숙한 생김새지만 이름은 알지 못했던 동물들을 알아 가며 신기해했다.

 나는 희귀한 식물을 찾아야지! 세상에서 가장 큰 꽃, 라플레시아? 그런데 꽃에서 고약한 냄새가 난대.

 으, 그건 좀 별론데?

 냄새로 곤충을 유인해서 꽃가루를 옮기려는 거래. 아마존빅토리아수련은 첫날에는 꽃이 하얀색으로 폈다가 다음 날에는 분홍색으로 변하고, 꽃이 지면 물속으로 들어간대. 너무 신기하지?

그런데 깊은 연못이나 숲속에서 산다고 하면 왠지 무서울 것 같아.

그건 우리들 생각이지. 동식물들한테는 편안한 집일 수도 있어.

그렇죠. 아마존 같은 열대 우림은 햇빛과 물이 풍부해서 식물들이 아주 잘 자라요. 덕분에 건강한 생태계를 이루고 있답니다.

아마존 숲에는 300만 종의 동식물이 산대요!

종류만 300만 종이 있으니 각각 동식물들의 수는 상상할 수 없을 정도로 많겠죠? 이제 어떤 동식물이 되고 싶은지 결정했나요?

아이들 모두 고개를 끄덕이자 선생님이 털실 한 뭉치를 꺼내 보여 주었다. 이번에는 어떤 놀이일지 기대되었다.

좋아요. 이제 이 털실로 '먹이 그물'을 만들어 볼 거예요. '먹이 그물'은 생태계에서 생물 간의 먹이 관계를 나타내는 그물 모양의 연결망을 말해요.

 먹고 먹히는 '먹이 사슬'처럼요?

 맞아요. 생태계는 여러 개의 '먹이 사슬'이 얽혀서 복잡한 '먹이 그물'로 이루어져 있어요.

 그런데 '먹이 그물'을 어떻게 만들어요?

 여러분이 동물이나 식물이 되었다고 생각하고, 먹고 먹히는 관계를 털실로 연결해 보는 거예요. 이때 자연의 법칙을 따라야 해요.

아이들은 자연의 법칙이 무엇일지, 어떤 비밀이 숨겨져 있는지 궁금해하며 선생님의 다음 말을 기다렸다. 선생님은 먹이 그물이 어떻게 구성되어 있는지 종이를 펼쳐 큰 목소리로 읽어 주었다.

- 생산자와 소비자로 구성되어 있다.
- 생산자인 식물을 먹는 초식 동물은 1차 소비자, 1차 소비자를 먹는 육식 동물은 2차 소비자라고 한다.
- 마지막 단계의 소비자를 최종 소비자라고 한다.

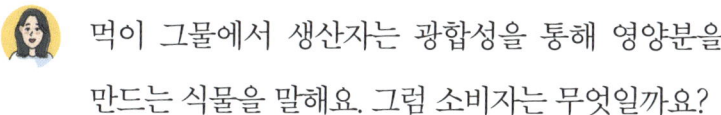 먹이 그물에서 생산자는 광합성을 통해 영양분을 만드는 식물을 말해요. 그럼 소비자는 무엇일까요?

 동물이요!

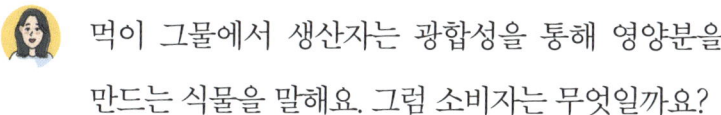 맞아요. 소비자는 동식물을 먹는 동물을 말해요. 그래서 동물들은 모두 소비자에 해당돼요.

 재규어는 다른 동물에게 잡아먹히지 않고, 다른 동물을 잡아먹기만 하잖아요, 그럼 최종 소비자가 되는 거예요?

🧑‍🦰 재규어는 소비자 중에서도 마지막 단계인 '최종 소비자'가 될 수 있겠네요. 이제 자연의 법칙을 이해했으니, 교실 가운데로 모여 털실로 먹이 그물을 표현해 볼까요?

🧑 저는 나무늘보예요. 나무늘보는 나뭇잎도 먹고, 곤충, 도마뱀도 먹는대요.

🧑‍🦰 그럼 서진이는 나뭇잎, 곤충, 도마뱀, 세 친구들과 모두 연결해야 해요. 그런데 지금 교실에는 이 생물들이 없죠? 대신 의자와 연결해 보죠!

선생님은 나무늘보인 서진이와 나뭇잎 의자, 곤충 의자, 도마뱀 의자를 오가며 털실로 연결했다. 서진이의 손에는 세 개의 털실이 쥐어졌다.

🧑 저는 카피바라예요. 저도 나뭇잎을 먹고 과일도 좋아해요.

🧑‍🦰 그럼 나뭇잎 의자와 연결하고 과일 의자도 필요하겠네요.

🧑 저는 아나콘다예요. 아나콘다는 파충류, 어류, 양서

류, 조류, 포유류까지 못 먹는 게 없네? 역시 최상위 포식자였어. 게다가 카피바라도 먹을 수 있대요. 연우를 잡아먹겠어!

 안 돼!

아이들은 각자 고른 동물이 무엇을 먹는지 이야기하며 털실을 주고받았다. 어느새 털실이 얽히고설켜 열대 우림 먹이 그물이 완성되었다. 그런데 선생님이 갑자기 지구본만 한 공 하나를 꺼내 들었다.

"이 공은 우리 지구를 의미해요. 지금부터는 이 공을 '지구 공'이라고 부를게요. 이렇게 촘촘하게 엮인 먹이 그물 위에 지구 공을 올려놓으면 어떻게 될까요? 지구 공이 떨어지지 않도록 잘 지켜 주세요!"

선생님이 먹이 그물 위에 지구 공을 올려놓자마자 아이들의 눈길이 모두 지구 공으로 향했다. 지구 공을 떨어뜨리지 않으려면 다 같이 힘을 모아 털실의 균형을 잘 잡아야 했다. 지구 공은 떨어질 듯 말 듯 흔들리면서도 잘 버티고 있었다.

"생태계가 다양하고 복잡하게 얽혀 있어서 지구 공이 떨어지지 않겠죠? 그런데 생태계에 위기가 찾아왔어요. 어떤 일이 벌어질지 돌아가면서 쪽지를 뽑아 봅시다."

어떤 쪽지를 뽑을지 궁금한 마음 반, 어떤 위기가 나올지 두려운 마음 반이었다. 카피바라인 연우가 제일 먼저 쪽지를 뽑았다.

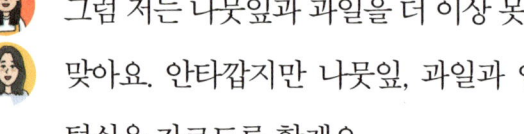

기후 변화로 가뭄이 계속되어
먹을 것이 부족해졌습니다.

그럼 저는 나뭇잎과 과일을 더 이상 못 먹는 건가요?
맞아요. 안타깝지만 나뭇잎, 과일과 연결되어 있는 털실을 자르도록 할게요.

싹둑!

선생님이 가위로 털실을 자르자 먹이 그물에 작은 구멍이 생겼다. 아이들의 시선이 지구 공을 향했다. 지구 공은 아직 끄떡없었다. 나무늘보인 서진이가 다음 쪽지를 뽑았다.

> 대규모 농장을 만들기 위해 열대 우림을 불태우는 바람에 서식지가 파괴되었습니다.

🧑‍🦰 아이고, 서식지를 잃은 나무늘보는 살 수가 없어 멸종 위기에 처하게 되었네요. 정말 안타깝지만 나무늘보와 연결된 털실을 모두 자르도록 할게요.

싹둑! 싹둑! 싹둑!
선생님이 거침없이 털실을 잘랐다. 지구 공이 비틀거렸지만 나무늘보 하나 멸종되었다고 바로 무너질 생태계는 아니었다. 잔뜩 긴장한 아이들을 지켜보던 선생님이 준호와 건우에게 차례대로 쪽지를 뽑게 했다.

> 생태계를 그대로 보존하였습니다.

오! 그냥 넘어갈 수 있나 보다.

 맞아요. 생태계는 개입하지 않고 그대로 두는 게 좋아요. 그럼 자연이 스스로 회복한답니다.

 휴, 아찔했는데 다행히 잘 넘어갔다.

 아, 이번에도 좋은 게 나왔으면 좋겠다.

바이러스에 걸렸습니다.

 으악, 살려 주세요.

싹둑!

투칸을 골랐던 건우와 연결되어 있던 털실들이 하나둘 잘려 나갔다. 재규어를 고른 지민이와 건우를 연결하던 털실도 잘려 나갔다.

 뭐야? 나한테까지 전염된 거야? 재규어는 엄청 세니까 괜찮을 줄 알았는데.

선생님이 털실을 자르기 시작하자 먹이 그물에 조금씩 구멍이 생기기 시작했다. 결국 잘 버텨 왔던 지구 공이 헐거워진 구멍으로 쏙 빠지고 말았다. 아이들이 안타까워하며 소리를 질렀다.

"안 돼!"

🙍‍♀️ 여러분은 방금 건강했던 생태계가 무너지는 순간을 눈으로 확인했어요. 우리가 아마존 열대 우림에 직접 가서 확인해 볼 수는 없지만, 실제로 세계 곳곳의 열대 우림이 급속도로 파괴되고 있어요.

🙍‍♀️ 정말 기후 변화로 인해 멸종하는 동물들이 점점 많아지고 있나요?

🙍‍♀️ 네. 게다가 기후 변화의 원인인 탄소를 흡수하는 나무를 베면 탄소가 흡수되지 않아 기후 변화가 점점 더 심해지니 심각한 상황이 눈덩이처럼 불어나겠죠?

🧑 사람들은 나무를 심지는 못할망정 왜 나무를 베는 거예요?

🙍‍♀️ 대부분 넓은 땅을 확보하여 농사를 짓거나 가축을 키우기 위해서예요.

🧑 땅이 그렇게 부족해요? 꼭 숲을 없애야만 하는 걸까요?

아이들이 이해할 수 없다는 듯한 표정을 짓자 선생님이 마지막으로 아이들에게 사진 한 장을 보여 주었다. 잘 관리

된 잔디밭처럼 보였지만, 드넓은 농장 사진이었다.

- 이 사진은 아마존 열대 우림을 파괴하여 만든 콩 농장을 찍은 사진이에요.
- 콩이요? 사람들이 콩을 그렇게 많이 먹어요?
- 사람들이 먹는 게 아니야. 대부분 우리가 먹는 고기, 가축의 사료로 쓰이는 거야.
- 맞아요. 가축을 키우거나, 가축이 먹는 곡식을 재배하는 농장을 만들기 위해 숲을 파괴하는 경우가 많아요. 그런데 사람들이 고기를 많이 소비하면서 콩 농장이 늘어나고 있어요.

고기를 먹는 일이 환경에도 심각한 문제를 일으킨다는 것을 알게 된 아이들은 충격을 받은 표정이었다.

- 열대 우림과 콩 농장을 비교해 봅시다. 어디가 더 아름답고, 더 오랫동안 유지될 수 있을까요?
- 당연히 아마존 열대 우림이요!
- 그럼 열대 우림 사진을 볼 때와 같은 질문을 해 볼

게요. 콩 농장에는 어떤 생물들이 살고 있을까요?

 콩이요!

 그리고 또 뭐가 있을까요?

 …….

아무리 상상력을 발휘해도 잘 생각나지 않았다.

 그럼 이 농장의 생태 환경을 먹이 그물로 만들어 보면 어떤 모습일까요?

아이들 머릿속에는 가축과 가축의 사료인 콩의 연결 고리밖에 떠오르지 않았다. 단순한 먹이 사슬 위에서 버티지 못하고 떨어지는 지구 공이 떠올라 아찔했다.

## 홍쌤의 환경 톡톡 Talk Talk!

 이번 시간에는 먹이 그물 놀이를 통해 열대 우림에 살고 있는 생물이 되어 보고, 열대 우림이 파괴되는 과정을 어렴풋하게나마 지켜보았어요. 지금 이 순간에도 지구 곳곳에서는 숲속 나무들이 베이고 있습니다. 숲이 사라지는 것은 한순간이지만, 숲이 울창하게 되기까지 얼마나 오랜 시간이 걸렸을까요? 숲에 사는 생물들에게 한 번이라도 물어보고 나무를 벤 걸까요?
 자연 안에서 동식물들은 서로 영향을 주고받으며 '생태계'를 이루고 있어요. 그런데 최근 곡식과 가축 사업을 위해 대규모로 농장을 개척하거나, 산업을 발전시키고 도시를 개발하기 위해 숲을 없애는 일이 많아지고 있어요. 숲이 사라지면서 숲에 살던 생물들도 함께 사라지고 있답니다. 한마디로 먹이 그물이 점점 끊어지고 있어요.
 먹이 그물이 끊긴 생태계는 위태로워요. 다양한 종류의 생물이 복잡하게 얽혀 있을수록 숲이 스스로를 치유할 수 있는 자정 능력이 커지거든요. 그런데 많은 생물이 사라지면서 먹이 그물이 단순해지면 위기가 찾아왔을 때 돌이키기 어렵고, 돌이킨다고 해도 시간이 너무 많이 걸려요.
 우리의 모습과 성격이 다 달라도 그 자체로 소중하고, 우리가 함께 어우러지면 더 아름다운 것처럼 작은 생물 하나도 소중하게 생각하며 초록 지구를 오래도록 지켜야 해요.

## 😊 환경 지식 더하기

### 지구 생태계의 중심, 생물 다양성

생물 다양성은 지구에 존재하는 모든 생물의 종과, 생물이 서식하는 생태계, 생물이 지닌 유전자가 다양하다는 것을 총체적으로 이르는 말이에요. 단순히 많은 생물이 존재한다는 의미가 아니라 다양한 생물이 서로 영향을 주고받으며 살아가는 것을 의미해요. 그래서 지구 생태계의 균형을 유지하는 핵심 원리이며, 우리의 삶과도 깊이 연결되어 있어요.

나무는 공기를 정화하고, 곤충은 꽃가루를 옮기며 지구 생태계의 균형을 유지시키기 위해 각자 역할을 맡고 있어요. 그런데 이것들이 하나둘씩 사라지면 공기가 탁해지고, 꽃가루를 옮기지 못해 식물들이 사라지는 등 자연의 균형이 깨지게 되죠.

다양한 생물이 존재하면, 바이러스가 쉽게 퍼지는 걸 막을 수도 있어요. 생물의 종류가 많을수록 바이러스가 더 많이 퍼질 수 있다고 생각할 수 있지만, 그렇지 않아요. 생물의 종류가 많을수록 바이러스에 걸리지 않거나 면역력을 가진 생명체들이 바이러스가 쉽게 퍼지는 것을 방패처럼 막아 줘요.

세상을 게임이라고 생각해 볼까요? 세상에 존재하는 수많은 생물들을 각각의 캐릭터라고 가정해 볼게요. 동물, 식물, 곤충, 미생물까지 각각의 캐릭터가 자신만의 능력을 가지고 함께 살아가고 있어요. 생태계가 그물처럼 촘촘히 엮여 있을수록 풍부하고 활기찬 게임 세상을 만들 수 있는 거예요. 그런데 만약 캐릭터가 하나둘 서서히 사라진다면 게임이 점점 재미없어지고, 결국 제대로 진행할 수 없게 되겠죠? 이 게임은 생물 다양성을 잃은 거예요.

우리가 살고 있는 지구의 생물 다양성이 역사상 가장 빠른 속도로 파괴되고 있어요. 그 결과는 기후 변화, 식량 위기, 전염병 증가 등으로 우리에게 되돌아오고 있답니다.

### 😊 그림책으로 다시 보는 환경 이야기

**많아요**

니콜라 데이비스 글, 에밀리 서튼 그림, 박소연 옮김, 달리, 2018

지구에 존재하는 생물들을 모두 셀 수 있을까? 꼬마는 주변의 작은 벌레부터 꽃 등 다양한 생물을 일일이 세기 시작한다. 하나, 둘, 셋, 넷… 최근에 발견된 생물들부터 이제는 멸종한 생물들까지 세상에는 얼마나 많은, 얼마나 다양한 생물이 있을까?

# 03

# 녹색 안경으로 보면 무엇이 보일까?

**관련 교육 과정 성취 기준**

[4사10-01] 여러 지역의 자연환경과 인문환경의 특징을 살펴보고, 환경의 이용과 개발에 따른 변화를 탐구한다.
[4도04-02] 인간과 자연이 함께 살아야 하는 이유를 이해하고 공생을 위한 구체적인 실천 계획을 세우며 생태 감수성을 기른다.

"선생님, 너무 추워요. 에어컨 잠깐 끄면 안 될까요?"

아침부터 에어컨을 몇 시간째 틀어 놓는 바람에 교실에는 냉기가 돌았다. 에어컨의 차가운 바람을 견디지 못하고 얇은 가디건을 입은 아이도 있었다. 결국 참다못한 하영이가 얼굴을 찡그린 채 나서서 에어컨을 끄자고 제안했다.

"시원하고 좋은데 왜 그래? 에어컨 끄면 더워지잖아. 아니면 나갔다가 오던가."

더위를 많이 타는 건우가 하영이를 향해 쏘아붙이자 지켜보던 아이들이 너도나도 한 마디씩 더하기 시작했다.

"잠깐만 껐다가 다시 켜면 되지. 건우야, 네가 좀 참아."

"에어컨이 지구 환경에 안 좋다고 배웠잖아."

"그치만 나는 아직 덥단 말이야. 추운 애들이 잠깐 밖에 나갔다가 들어오면 안 돼? 그럼 너네도 시원하다고 느낄걸?"

선생님은 에어컨을 끄자는 아이들과 계속 틀어 놓자는 아이들의 실랑이를 지켜보면서 한 가지 생각을 떠올렸다.

"여러분에게 한 가지 보여 줄 게 있어요. 모두 선생님을 따라 바깥으로 잠깐 나와 보세요."

아이들은 이렇게 더운 날 왜 바깥에 나가자고 하는지 궁금해하며 따라나섰다. 선생님이 향한 곳은 건물 바로 뒤편이었다.

 선생님이 여러분에게 보여 주고 싶은 것은 바로 이 실외기예요. 실내에 에어컨을 설치하기 위해서는 반드시 이 실외기를 함께 설치해야 합니다. 실외기에 가까이 가 볼까요?

 으으, 더운 바람이 나와요!

 그렇죠? 에어컨에서 시원한 바람이 나올 때 에어컨과 연결된 바깥의 실외기에서는 더운 바람이 나오고 있어요. 실내를 시원하게 만들기 위해 에어컨을 열심히 작동시키느라 실외기가 뜨거워진 것이죠.

🧑 안 그래도 더운데, 실외기에서 나오는 바람 때문에 더 더운 것 같아요.

👩 맞아요. 게다가 에어컨을 틀기 위해 지구 자원을 사용하는 과정에서 온실가스가 많이 발생해요. 그래서 우리가 덥다고 에어컨을 틀면 틀수록, 지구의 온도는 더 높아지는 악순환이 일어나는 거죠.

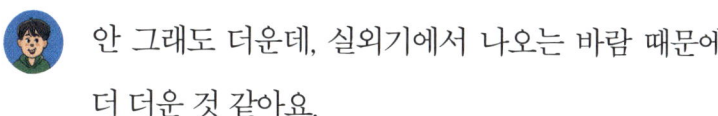

무더운 바깥에서 교실로 돌아오니 시원한 에어컨이 아이들을 맞았다. 시원함에 기분이 좋아지는 것도 잠시였다. 아이들은 에어컨에서 나오는 차가운 바람이 왠지 불편하게 느껴졌다. 아이들이 생각에 잠긴 채 자리에 앉자 선생님이 카드 한 장을 보여 주었다.

 이 카드는 무슨 색이죠?
 파란색이요!
 정말요? 이렇게 뒤집어도 여전히 파란색인가요?
 지금은 빨간색이요! 혹시 마술 보여 주시는 거예요?
 아, 선생님에게 그런 재주가 있으면 좋겠지만 마술은 아니랍니다. 이번 환경 캠프 시간은 카드 뒤집기 놀이로 시작해 볼까요?

선생님이 한 쪽 면은 빨간색, 다른 면은 파란색인 카드 30장을 아이들에게 나눠 주었다. 아이들은 어떤 놀이인지 바로 알아차렸다. 그리고 선생님이 나눠 준 카드를 파란색, 빨간색 면이 각각 15장씩 위로 보이도록 펼쳐 두었다.

이번에 함께 할 놀이는 자신이 속한 팀의 색깔로 카드를 최대한 많이 뒤집어 놓는 놀이에요. 팀은 간단하게 빨간 팀과 파란 팀으로 나눠 볼게요.

아이들은 각자 원하는 색을 골라 각각 3명씩, 2개의 팀을 구성했다.

"팀마다 3명씩 잘 나눈 것 같네요. 시간은 3분 주도록 하겠습니다. 준비, 시작!"

선생님이 시작 신호를 보내자마자 아이들이 우르르 달려들어 카드를 뒤집기 시작했다. 바닥에 놓인 카드의 색깔은 변덕스러운 날씨처럼 엎치락뒤치락 바뀌었다.

"그만! 시간이 끝났습니다. 모두 멈추고 제자리로 돌아가세요. 어느 팀이 이긴 것 같나요?"

선생님의 질문에 아이들의 눈이 빠르게 돌아갔다.

"1, 2, 3, 4, 5, 6, 7 … 16, 17! 빨간색 카드가 파란색 카드보다 4장 더 많네요. 빨간 팀 승리!"

빨간 팀 아이들이 환호성을 질렀다.

 다들 재미있었나요? 이 카드는 양면에 각각 빨간색

과 파란색이 칠해져 있죠? 그런데 이 카드들을 뒤집어 보지 않았다면 다른 면에 무슨 색이 칠해져 있는지 알 수 있었을까요?

아니요.

맞아요. 바로 이 카드에 오늘 우리가 배울 내용이 숨어 있답니다. 우리 주변의 모습을 둘러보세요. 우리 주변은 이 양면 카드와 같이 깨끗하고 아름다운 모습과 더럽고 불쾌한 모습이 '공존'하고 있어요. 문제는 세상을 잘 들여다보지 않으면 한쪽 모습만 보게 된다는 거예요. 지구를 위해서는 보이지 않는 것까지 꿰뚫어 볼 수 있어야 해요.

보이지 않는 것까지요? 그러려면 마법의 안경이 필요할 것 같아요.

선생님, 너무 어려워요.

하하, 아무래도 쉽지 않죠? 오늘은 우리가 살고 있는 곳 혹은 살고 싶은 곳을 그려 보면서 우리 주변 환경을 여러 관점으로 들여다보려 합니다. 여러분은 어디에 살고 있나요?

서울이요!

🙍‍♀️ 서울 어디에 살고 있나요?

🙎 서대문구 북가좌동이요!

🙍‍♀️ 여러분은 살고 있는 동네가 마음에 드나요?

🙎‍♂️ 아니요. 우리 동네는 재미가 없어요.

🙍‍♀️ 정말요? 불광천을 따라 산책도 하고, 안산자락길로 등산하면 얼마나 좋은데요!

🙍‍♀️ 산책이나 등산은 어른들만 좋아할걸요?

🙎 나도 좋아하는데? 물론 나는 자전거 타는 게 더 좋긴 해.

🙍‍♀️ 그럼 우리 동네에 뭐가 있으면 좋겠어요?

🙎‍♂️ 놀이공원이요! 동물원도 있었으면 좋겠어요.

🙎 캠핑장이요! 저희 아빠는 골프장이 있었으면 좋겠대요.

아이들은 각자 좋아하는 곳과 가고 싶었던 곳들을 상상하며 이야기를 나눴다.

🙍‍♀️ 여러분이 원하는 마을의 모습은 어떨지 정말 궁금하네요. 혹시 아나요? 지구 어딘가에는 정말 그런

마을이 있을지도 모르죠. 우리의 간절한 마음을 담아 '최고의 마을'을 함께 그려 봅시다.

 종이에 바로 그리면 돼요?

 잠깐만요. 우리 마을에 무엇이 있으면 좋을지, 그 이유는 무엇인지 친구들과 이야기를 나눈 다음 그려 보세요. 어느 위치에 그릴지도 고민해 보세요.

아이들은 상상한 대로 마을을 만들 수 있다는 말에 도시 계획자가 된 것처럼 진지하게 이야기를 주고받았다.

 난 아파트 말고 단독 주택에 살고 싶어. 마당에서 강아지를 키우면 정말 좋겠다.

 사람들이 많아서 높게 지을 수밖에 없을 것 같은데? 대신 건물을 넓게 지어서 건물 중간이나 옥상에 뛰어놀 수 있는 곳을 만들자.

 오, 그거 좋은 생각이다. 아예 건물 위에 놀이공원을 만드는 건 어때? 건물 하나에 식당도 여러 개 만들고, 게임할 수 있는 공간도 만들고!

 준호, 너는 온통 놀 생각뿐이야? 시장, 병원, 경찰서,

🧑 소방서… 필요한 게 얼마나 많은데?

👩 그렇네. 그럼 학교도 필요하겠다. 대신 학원은 만들지 말자.

🧑 여행 갈 곳도 필요해. 수영장 있는 호텔도 짓자. 여행 가서 어른들은 골프 치고, 아이들은 수영장에서 놀면 재밌겠다.

🧑 밤에는 불꽃놀이도 실컷 보여 주면 좋겠다.

아이들은 함께 나눈 이야기를 바탕으로 '최고의 마을'을 그렸다. 어른들은 생각지도 못할 기발한 아이디어들이 넘쳐 났다.

👩 여러분의 기발한 아이디어로 환상의 마을이 탄생할 수도 있겠지만, 실제 우리가 사는 마을을 들여다보면 재미있고 편리한 모습뿐만 아니라 불편한 모습도 숨겨져 있어요.

🧑 숨겨져 있다고요?

👩 네, 수업 처음에 보여 줬던 양면 카드처럼요. 아무도 못 보게 꽁꽁 숨겨 놓은 것은 아니지만 사람들이 관

심 있게 살펴보지 않으면 모르거나, 알고도 외면하는 경우가 있죠.

알 듯 말 듯 한 선생님의 말에 아이들의 눈빛에는 호기심이 가득 떠올랐다. 선생님은 아이들을 기특하게 바라보며 이야기를 이어 나갔다.

🧑‍🏫 그런데 혹시 '최고의 마을'을 그리며 환경을 생각해 본 친구 있었나요?

생각지도 못한 질문에 아이들은 아무 말도 할 수 없었다. 환경 캠프에 와서 환경에 대해 생각해 보지 못한 게 아차 싶었다.

🧑‍🏫 하하, 괜찮아요. 매 순간 환경에 대해 생각하는 것이 쉬운 일은 아니지요. 지금부터 조금씩 생각해 봅시다. 마을의 에너지는 어디에서 오고, 마을의 쓰레기는 어디로 갈까요?

👦 에너지는 발전소에서 오고, 쓰레기는 처리장으로 가요.

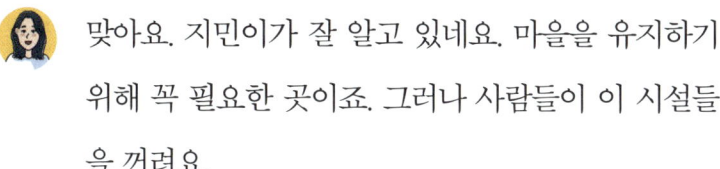 맞아요. 지민이가 잘 알고 있네요. 마을을 유지하기 위해 꼭 필요한 곳이죠. 그러나 사람들이 이 시설들을 꺼려요.

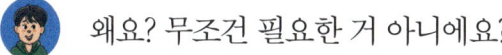 왜요? 무조건 필요한 거 아니에요?

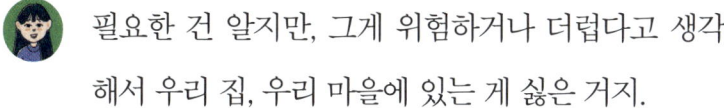 필요한 건 알지만, 그게 위험하거나 더럽다고 생각해서 우리 집, 우리 마을에 있는 게 싫은 거지.

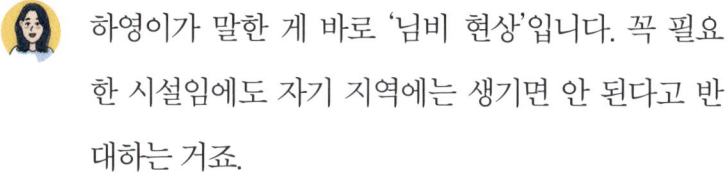 하영이가 말한 게 바로 '님비 현상'입니다. 꼭 필요한 시설임에도 자기 지역에는 생기면 안 된다고 반대하는 거죠.

 그럼 어디에 만들어요?

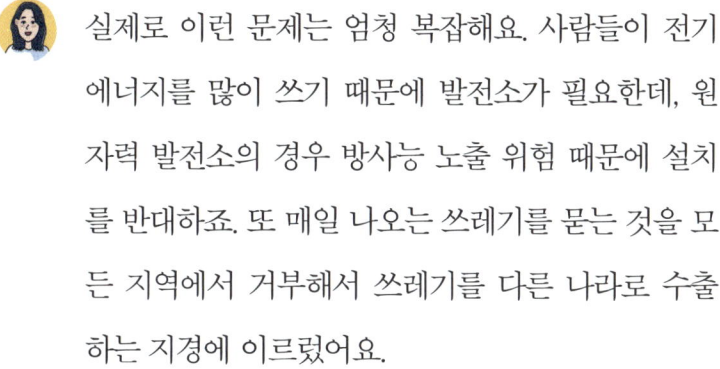 실제로 이런 문제는 엄청 복잡해요. 사람들이 전기 에너지를 많이 쓰기 때문에 발전소가 필요한데, 원자력 발전소의 경우 방사능 노출 위험 때문에 설치를 반대하죠. 또 매일 나오는 쓰레기를 묻는 것을 모든 지역에서 거부해서 쓰레기를 다른 나라로 수출하는 지경에 이르렀어요.

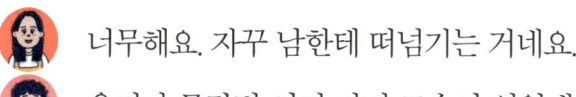 너무해요. 자꾸 남한테 떠넘기는 거네요.

우리가 몰랐던 여러 가지 모습이 있었네요.

아이들이 웅성거리기 시작했다. 선생님은 그런 아이들을 한번 둘러보고는 서랍에서 테와 렌즈가 모두 초록색인 안경을 꺼내 쓴 채 아이들을 보았다.

- 세상이 정말 복잡하게 돌아가죠? 꼭 필요한 시설을 기피하기도 하고, 우리를 즐겁고 편리하게 만들어 준 것이 환경을 파괴하기도 하니까요.
- 네, 어려워요.
- 너무 어렵게 생각하지 말고, 이렇게 '녹색 안경'으로 보면 보이지 않던 게 보이기 시작할 거예요.
- 녹색 안경이요?
- 네, 환경을 생각하며 다시 한번 세상을 바라보는 거예요. 우리가 일상에서 마주하는 것들이 환경에 어떤 영향을 미칠지 생각해 보는 거죠.

- 물론 처음에는 익숙하지 않아 어렵게 느껴질 수 있어요. 그래서 일상생활을 하며 환경과 어떤 관련이 있을지 여러 입장에서 생각하는 연습이 필요해요. 선생님과 함께 해 볼까요?

밤하늘의 반짝이는 샛별처럼
어린이·청소년의 삶을 빛나게 하는

# 데이스타 도서목록

데이스타는 ㈜카시오페아 출판사의 어린이·청소년 브랜드입니다.

# 아이들의 미래 역량을 바꾸는
# 만화로 읽는 초등 자기계발 시리즈

## 글로벌 판매 200만 부 돌파!
## 일상 속 크고 작은 고민을
## 생활 밀착 만화로 쉽고 친근하게

**어린이도 쏙쏙 이해하는 아동 심리 전문가의 다정한 조언
초등 저학년부터 고학년까지 폭넓게 다루는 실생활 고민**

〈만화로 읽는 초등 자기계발〉 시리즈는 학교생활, 감정 표현, 시간 관리 등으로 어려움을 겪는 아이들에게 실질적인 도움을 주고 아이의 눈높이에 맞춘 만화 형식으로 이해를 도와요. 또한 또래 친구들의 이야기로 구성되어 있어 공감하며 읽기 좋고, 자연스럽게 문제 해결력을 기르는 건 물론, 스스로를 돌아보는 습관까지 기를 수 있습니다. 그에 더해 부모에게는 잔소리 없이 아이와 대화할 거리, 해결의 실마리를 제공합니다.

### 나를 지키고 너를 사랑하는 관계 맺기 연습
한투 지음 | 140쪽 | 15,000원
ISBN 9791168272095
★ 울산북부도서관 추천 도서

### 어린이 자신감 연습
한투 지음 | 140쪽 | 15,000원
ISBN 9791168272767

### 어린이 감정 말하기 연습
한투 지음 | 140쪽 | 16,800원
ISBN 9791168273122

### 어린이 시간 관리 연습
한투 지음 | 132쪽 | 16,800원
ISBN 9791168273153

### 표현력·어휘력·독해력 국어 3력 키우는 유쾌 발랄 4컷 만화
# 놀면서 배우는 시리즈

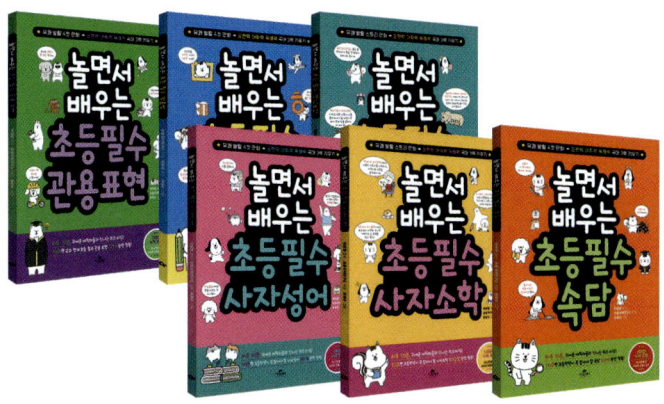

## 17만 교육 정보 채널 '어디든학교' 하유정 선생님이 직접 감수하고 강력 추천하는 초등 국어 필독서!

**하루 10분, 귀여운 캐릭터들과 신나게 퀴즈를 풀다 보면
10주면 어느새 초등 교과 연계 필수 어휘는 물론 국어 3력이 쑥쑥**

계산식은 잘 풀지만 문장으로 이루어진 수학 문제를 이해하지 못해서, 과학 원리는 꿰뚫고 있지만 실험 과정을 알아듣지 못해서 힘들어하는 초등학생들이 점점 늘어나고 있어 문해력과 독해력 키우기가 큰 화두입니다. 글을 제대로 읽고 이해하려면 먼저 단어의 뜻을 알고 필요한 곳에 바르게 쓸 수 있어야 합니다. 〈놀면서 배우는〉 시리즈는 속담, 관용 표현, 사자성어 등 다양한 주제를 통해 모든 공부의 기본이 되는 표현력, 어휘력, 독해력, 즉 '국어 3력'을 키워 주는 책입니다. 재미있는 4컷 만화와 간편하지만 알찬 구성으로 10주 동안 우리 아이의 국어 실력을 자라나게 해 보세요.

**놀면서 배우는 초등 필수 관용 표현**
초등국어연구소/유희수 지음 | 136쪽 | 13,000원
ISBN 9791168270886

**놀면서 배우는 초등 필수 사자성어**
초등국어연구소/유희수 지음 | 136쪽 | 13,000원
ISBN 9791168271005

**놀면서 배우는 초등 필수 맞춤법**
초등국어연구소/유희수 지음 | 136쪽 | 13,000원
ISBN 9791168270725

**놀면서 배우는 초등 필수 사자소학**
초등국어연구소/유희수 지음 | 136쪽 | 13,000원
ISBN 9791168271166

**놀면서 배우는 초등 필수 명심보감**
초등국어연구소/유희수 지음 | 136쪽 | 13,000원
ISBN 9791168271296

**놀면서 배우는 초등 필수 속담**
초등국어연구소/유희수 지음 | 136쪽 | 13,000원
ISBN 9791168270787

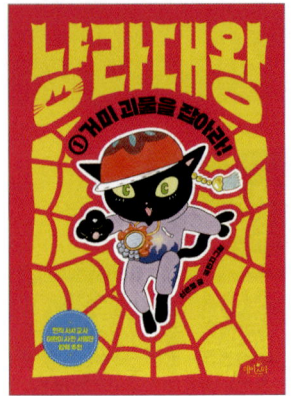

### 냥라대왕 ① 거미 괴물을 잡아라!

신은영/국민지 지음 | 95쪽 | 16,800원
ISBN 9791168273139

지금까지 이런 고양이는 없었다!
비트 타고 내려온 저세상 고양이의 등장!
왕관 대신 모자, 법전 대신 마이크를 쥔
매력 만점 냥라대왕의 괴물 잡기 대작전

지구의 내일이 궁금한 어린이를 위한
생생한 환경 교육 동화
### 마라탕을 시켰을 뿐인데 지구가 뜨거워졌다고?

홍세영/편히 지음 | 216쪽 | 16,800원
ISBN 9791168272965

"사라진 벌이 나랑 무슨 상관이에요?"
"친환경이면 다 좋은 거 아니에요?"
16년 차 교사, 교실 속 환경 운동가 홍쌤의
생생하고 흥미로운 환경 교육 동화

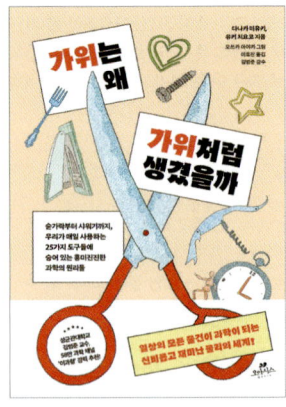

### 가위는 왜 가위처럼 생겼을까

다나카 미유키/유키 치요코 지음 | 328쪽 | 19,800원
ISBN 9791168272071

삶이 더 유익해지는 놀라운 물리의 세계!
숟가락, 샤워기, 선풍기, 포크, 주사기….
과학을 알면 우리의 삶은 더 유익해진다!
일상 속에 숨은 흥미진진한 물리 이야기

★ 2025 행복한아침독서 추천 도서
★ 국립중앙도서관 사서 추천 도서

따라 쓰기만 해도 마음의 키가 한 뼘 자라는
## 아이의 어휘력을 위한 66일 필사 노트
김종원/하꼬방 지음 │ 184쪽 │ 18,500원 │ ISBN 9791168273030

어린이가 따라 쓰는 문장은 곧 어린이의 세계가 됩니다.
출간 즉시 베스트셀러, 120만 독자가 사랑하는 인문 교육 멘토
김종원 작가가 모은 어린이를 위한 66가지 문장들
내 아이에게 선물하고 싶은 단 한 권의 필사책!

어린이가 반드시 배워야 할 반짝이는 삶의 가치들
## 아이에게 들려주는 태도의 말
김종원/소소하이 지음 │ 80쪽 │ 16,800원 │ ISBN 9791168273191

아이의 눈높이에서 아름다운 삶의 태도와 가치의
의미와 중요성을 친절하고 다정하게 알려 주는 책
대한민국 학부모들이 가장 사랑하는 인문학 멘토
김종원이 들려주는 어린이를 위한 태도 수업

자신의 꿈을 찾고 싶은 어린이를 위한 말 연습
## 꿈꾸는 말 이루는 말 빛나는 말
김현태/소소하이 지음 │ 120쪽 │ 16,800원 │ ISBN 9791168272712

아이들의 꿈을 찾아 주고 이뤄 주고 빛나게 하는 말!
"별빛 하나가 어둠을 밝히듯 누구나 인생의 주인공이 될 수 있어."
어린이들이 자기 자신을 사랑하고 긍정하며
자신의 꿈을 찾아갈 수 있도록 마음을 잡아 주는 문장들

울지 않고, 참지 않고, 욱하지 않고
## 똑똑하게 내 마음을 말하는 법
이임숙/미혜 지음 │ 132쪽 │ 15,000원 │ ISBN 9791168271906

"선 넘는 친구한테 어떻게 말해 주지?"
"생일 파티에 나만 초대받지 못했는데 뭐라고 말하지?"
대한민국 최고의 아동 청소년 심리 전문가이자
의사소통 전문가 이임숙 선생님이 알려 주는 초등 대화법

★ 천안시 도서관 추천 도서

학급 회장이 되고 싶은 아이들을 위한 말하기 수업
## 친구들 앞에서 당당하고 자신 있게 말하는 법
김수현/보람 지음 │ 100쪽 │ 15,000원 │ ISBN 9791168272101

학급 회장으로 뽑히려면 뭐라고 말해야 할까?
어떻게 하면 친구들 앞에서 자신 있고 당당하게 말할 수 있을까?
공식적인 자리에서의 발표부터 토의, 토론, 연설까지
현직 초등 교사 김수현 선생님이 알려 주는 말하기 전략

자타공인 모범생 노다빈의 일탈이 이제부터 시작된다!
## 이제부터 노범생

서성환/김성희 지음 | 180쪽 | 17,000원 | ISBN 9791168272163

최고의 아동 청소년 심리 전문가 이임숙 소장 강력 추천
"여러분이 생각하는 모범생의 정의는 무엇인가요?"
2023 서울국제어린이창작영화제 대상 수상작,
영화 〈이제부터 노범생〉의 원작 동화

★ 울산동부도서관 추천 도서　★ 2025 행복한아침독서 추천 도서

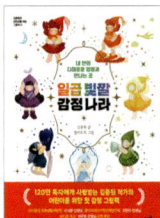

내 안의 다채로운 감정과 만나는 곳
## 일곱 빛깔 감정 나라

김종원/멜리도트 지음 | 56쪽 | 16,800원 | ISBN 9791168272941

아름다운 감정 나라에 오신 여러분을 환영합니다!
신비하고 다채로운 일곱 빛깔 감정 여행을 떠나요!
120만 독자에게 사랑받는 김종원 작가가
특유의 따뜻한 시선으로 섬세하게 그려 낸 첫 어린이 감정 그림책

술술 읽다 보면 오늘부터 공룡 박사!
## 이건 몰랐지? 기발하고 엉뚱한 공룡 도감

가니 멤마 지음 | 168쪽 | 14,000원 | ISBN 9791168270329

세상에서 제일 기발하고 엉뚱한 64가지 공룡 이야기!
오비랍토르가 억울하게 도둑으로 몰린 사연은?
다양하고 유익한 정보가 한눈에 쏙!
익살스러운 그림으로 재미와 지식이 쑥!

술술 읽다 보면 오늘부터 식물 박사
## 깜짝 놀랐지? 신기하고 재미있는 식물도감

가니 멤마 지음 | 168쪽 | 15,000원 | ISBN 9791168271586

지구 최강 식물 70종을 한 권에 담았다!
일본 최고의 식물학자 & 베스트셀러 작가 이나가키 히데히로가
철저히 감수한 쉽고 재미있는 식물 이야기
식물들의 유쾌한 생존과 진화의 세계로 여러분을 초대합니다!

일기, 독서 감상문, 생활문, SNS까지 단 한 권에 현직 초등 교사가 알려 주는
## 뒤죽박죽 생각 정리 글쓰기 책

이한샘/구현지 지음 | 160쪽 | 15,000원 | ISBN 9791168271722

이랬다가 저랬다가 생각이 왔다 갔다 해요….
뭐부터 먼저 해야 할지 정하지를 못하겠어요….
생각이 뒤죽박죽 머릿속이 복잡한 아이들을 위한
현직 초등 교사가 알려 주는 생각 정리 글쓰기 책

## 홍쌤의 환경 톡톡 Talk Talk!

 이번 시간에는 '녹색 안경'을 끼고 환경을 생각하는 마음으로 주변을 바라보는 연습을 해 보았습니다. 환경을 생각하는 마음으로 본다는 것은 환경을 의식한다는 말이에요. 에어컨을 틀 때, 물건을 살 때, 여행을 갈 때와 같이 일상을 보내면서 환경을 생각해 본 적이 있나요?

 우리가 살고 있는 사회는 다양하고 복잡한 관계로 얽혀 있습니다. 그래서 의식하지 않으면 무심코 넘어가는 문제들이 많이 있어요. 지금까지 환경 오염, 기후 위기, 생태계 보전과 같은 환경 이야기는 흔하게 접해 왔을 것입니다. 그럴 때마다 우리는 환경을 위해 할 수 있는 방법들을 떠올려 보았고 실천을 다짐하였죠. 그래서 나름 일회용품도 덜 쓰고 전깃불도 끄려고 노력하고 있습니다.

 그런데 지구를 구하려면 여기서 멈추면 안 됩니다. 우리가 먹고 입고 사고 팔고 쓰는 모든 생활이 환경과 관련이 있습니다. 여러분이 지금 읽고 있는 책도 환경과 연결 지을 수 있겠죠? 이렇게 계속 환경을 생각하는 마음으로 세상을 바라보는 연습을 하면 비판적인 사고력과 문제 해결력이 길러질 것입니다. 그리고 자연스럽게 실천으로 이어질 가능성도 크겠죠?

### 😊 환경 지식 더하기

#### 환경을 바라보는 다양한 관점

'환경관'은 우리가 환경 자체를 어떻게 바라보고, 생각하고, 행동하는지를 말해요. 어떤 사람은 환경 보호보다 편리함이 더 중요하다고 생각할 수 있지만, 어떤 사람은 환경을 위해 불편하더라도 노력해야 한다고 생각할 수도 있어요. 이처럼 사람마다 환경을 생각하는 가치관이 달라요. 이는 우리가 무엇을 보고, 배우고, 경험하느냐에 따라 다르게 만들어질 수 있어요. 예를 들어, 자연에서 자란 사람은 자연은 소중하고 보호해야 한다고 생각하지만 도시에서 자란 사람은 환경보다 개발이 더 중요하다고 생각할 가능성이 높아요.

'환경적 관점'은 환경을 바라볼 때 단순히 보이는 것만 생각하는 게 아니라, 더 깊이 연결해서 해석하는 눈이라고 할 수 있어요. 예를 들어, 마라탕을 시켜 먹는다고 가정해 봅시다. 환경적 관점이 없다면 중독성 있는 마라탕을 또 먹고 싶다고 생각하지만, 환경적 관점이 있다면 마라탕 속 재료가 어디에서 왔는지, 어떻게 생산되는지, 환경에 어떤 영향을 미칠지 생각해 볼 수 있어요.

우리는 단순히 환경 보호가 중요하다고 생각하는 것을 넘어서, 환경 문제를 다양한 시각에서 바라보고, 문제의 원인과 해결 방법을 깊이 고민할 수 있어야 합니다. 우리에게 필요한 것은 '지속 가능한 환경관'과 '깊이 있는 환경적 관점'입니다.

'지속 가능한 환경관'은 환경 보호뿐만 아니라 사회, 경제 문제까지 고려하는 균형 잡힌 태도를 말해요. 환경을 더 오랫동안 보호할 수 있는 방법에 대해 고민하는 것이지요. '깊이 있는 환경적 관점'은 문제의 원인을 분석하고, 실천 가능한 해결책을 고민하는 능력을 말합니다.

이처럼 환경을 생각하는 태도와 환경을 바라보는 시각이 함께할 때, 더 나은 미래를 만들 수 있어요.

### 그림책으로 다시 보는 환경 이야기

### 사라진 저녁
권정민 글·그림, 창비, 2022

집에서 핸드폰만 몇 번 두드리면 음식이 배달되던 어느 날, 돈가스와 감자탕, 족발을 주문한 사람들 집으로 살아 있는 돼지가 배달된다. 요리할 시간이 없으니 직접 해 먹으라는 식당 주인의 쪽지를 본 사람들은 당황스럽기만 하다. 함께 모여 돼지를 어떻게 먹을지 고민하지만 누구 하나 나서는 사람이 없다. 편하게 먹기만 하던 우리의 삶이 언제까지나 계속될 수 있을까?

3부

# 지구에서 살아남을 방법을 찾아라!

# 01

# 한 번만 입장 바꿔 생각해 볼까?

**관련 교육 과정 성취 기준**

[2바02-03] 차이나 다양성을 서로 존중하면서 생활한다.
[2바04-02] 다양한 생각이나 의견에 대해 개방적인 태도를 형성한다.
[4도02-03] 공감의 태도가 필요한 이유를 이해하고 도덕적 상상력을 바탕으로 대상과 상황에 따라 감정을 나누는 방법을 탐구하여 실천한다.

"선생님, 오늘 수요일 맞죠?"

점심시간이 가까워질 무렵, 서진이가 선생님에게 다가왔다. 선생님은 걱정스러운 눈빛의 서진이를 보며 다정하게 물었다.

"응, 수요일이지. 왜? 무슨 일 있니?"

"아, 제가 깜빡하고 도시락을 놓고 와서요."

"다행히 오늘은 도시락이 필요 없는 날이네!"

서진이는 고기를 먹지 않는 채식주의자다. 그래서 점심으로 채식 도시락이 나오는 수요일을 제외하고는 항상 집에서 도시락을 싸 온다. 고기를 먹지 않으니, 대부분 고기가 포함되는 점심 도시락을 먹기 어려운 것이다. 학교를 다닐 때도 매일 도시락을 싸서 다녔는데, 최근에는 탄소 중립을 위해 매주 수요일을 '다채로운 날'로 정하고 채식 급식을 제공하기 때문에 한결 편하게 다닐 수 있게 되었다.

채식 급식에 대한 아이들의 의견은 다양했다. 전에는 수요일이 '잔반 없는 날'이라서 아이들이 좋아하는 메뉴가 나오니 잔반이 거의 없었는데, 채식 급식이 시작되면서 잔반이 많아졌다는 소문이 돌았다. 채식 급식에 대한 아이들의 생각이 궁금해진 선생님이 아이들에게 종이 한 장을 보여 주었다.

- 여러분, 이 종이에 뭐가 쓰여 있나요?
- 도시락 메뉴요.
- 네, 맞아요. 여러분이 매일 확인하는 도시락 식단표예요.
- 저는 식단표를 잘라서 티켓처럼 만들었어요. 하루하루 먹는 즐거움이란!
- 누가 보면 먹으러 캠프 오는 줄 알겠네. 못 말려.
- 준호뿐만 아니라 선생님도 도시락 메뉴가 궁금해서 항상 살펴본답니다.

오늘 메뉴는 뭐예요?
 오늘 메뉴는 버섯잡채, 두부볼떡조림, 방울토마토 샐러드, 감자아욱된장국, 흑미밥입니다.

준호가 아나운서 흉내를 내며 진지하게 식단표를 읽어 내려갔다. 능청스러운 준호의 모습에 모두들 웃음을 터트렸다.

 헉, 오늘 채식 도시락이야? 아, 또 고기가 없네.
 고기 없어도 다 맛있어서 괜찮던데?
 나도 고기반찬이 제일 좋은데 아쉽다.
 다들 고기반찬을 정말 좋아하네요. 다음 주 식단표에 고기가 얼마나 많이 들어 있는지 찾아볼까요?

선생님이 다음 주 식단표를 나눠 주자, 아이들이 빠르게 식단표를 훑었다.

 식단표에서 고기가 들어간 메뉴에 동그라미를 그려 보세요.

 닭볶음탕, 치킨마요덮밥, 제육볶음, 소고기뭇국, 마라탕….
 엄청 많아요!
 하나, 둘, 셋 … 일곱 개요.
서진이가 먹을 게 너무 없겠다.

아이들 모두 고개를 끄덕이며 서진이를 바라보았다. 모두들 서진이가 채식하는 것을 알고 있었지만, 한 번도 서진이의 입장에서 생각해 본 적이 없었다. 서진이는 잘못한 게 없는데도 자신을 이해해 줄 수 있는 친구가 없다고 생각했는지 왠지 모르게 움츠러들었다.

 선생님이 어렸을 때는 집에서 식사할 때 고기가 없는 날도 있었는데, 요즘에는 고기반찬 없으면 안 먹는다면서요?
 에이, 그 정도는 아니에요.
우리는 어쩌다 이렇게 고기를 많이 먹게 되었을까요?
 사람들이 고기를 먹으면 힘이 세진다고 생각하기도 하고, 맛있어서 좋아하는 것 같아요.

🧑‍🦱 그래서인지 최근 들어 점점 고기를 먹는 양이 늘고 있답니다. 한국인 한 명이 먹는 고기의 양이 1년에 60킬로그램이 넘는대요. 우리가 매일 먹는 밥, 다시 말해 쌀 소비량보다 많은 거예요.

🧑 그렇게 많이 먹어요? 1인분을 200그램이라고 계산하면 한 사람이 1년에 300인분을 먹는다는 거네요?

   고기를 좋아하긴 하지만 그렇게까지 많이 먹고 있는 줄은 몰랐기에 아이들은 새삼 놀랐다. 지난 며칠간 먹은 것들을 떠올리며 고기를 몇 번이나 먹었는지 세어 보기도 했다.

🧑‍🦱 소비자들에게 인기가 많다면 판매자, 생산자 들은 기회를 놓치지 않고 더 많이 팔고 싶겠죠? 그런데 돼지, 닭과 같은 살아 있는 동물들을 어떻게 많이 생산할 수 있을까요?

🧑 고기도 공장에서 찍어 내듯 생산한대요.

🧑‍🦱 맞아요. 원래 동물이든 식물이든 우리가 먹을 식량을 생산하기 위해서는 공간과 시간이 필요하죠. 그런데 사람들이 고기를 많이 찾다 보니 좁은 공간에

서 많은 동물을 한꺼번에 생산하고 있어요. 이것을 '공장식 축산'이라고 합니다.

선생님은 한 마리의 몸집에 딱 맞게 짠 우리 속에서 움직이기도 불편한 상태로 갇혀 있는 동물들의 사진을 보여 주었다. 우리가 먹는 고깃덩어리에서는 상상할 수 없었던 닭, 돼지의 진짜 모습을 보고 아이들은 아무 말도 할 수 없었다.

헉, 우리가 저런 고기를 먹었던 거야?

지민이가 자기도 모르게 혼잣말을 내뱉었다. 선생님은 이어서 치킨과 삼겹살 구이 사진을 보여 주었다.

 선생님, 갑자기 고기 먹기가 싫어졌어요.
 그래도 난 치킨은 포기 못 해. 저렇게 맛있어 보이는데 어떻게 포기해?
 고기를 아예 먹지 말라는 게 아니에요. 여러분이 좋아하는 고기가 어떻게 생산되고 있는지 알고 먹어야 한다는 거예요. 우리는 대부분 소비자의 입장에서 고기를 사 먹죠. 하지만 동물이나 생산자의 입장에서 문제가 있진 않은지 바라보고, 문제가 있다면 함께 해결하기 위해 노력해야 해요.
 고기랑 어떻게 이야기를 해요?
 하하, 그렇죠? 현실에서는 할 수 없지만, 우리에게는 상상력과 공감 능력이 있잖아요. 우리 캠프 친구들이 각자 동물 또는 생산자 또는 소비자가 되어 보는 거예요. 한국인들이 많이 먹는 돼지, 닭, 소 중에 정해 볼까요?

 우리가 좋아하는 치킨, 닭으로 해요!

 좋아요. 두 명씩 각각 닭, 생산자, 소비자 역할을 맡아 의견을 나눠 봅시다. 각자 자기 입장을 발표하고, 자유롭게 질문을 주고받도록 하겠습니다. 토론을 하는 이유는 다른 사람을 비난하거나 강요하려는 것이 아니라 나와 다른 입장과 상황이 있다는 것을 이해하기 위한 것입니다. 그러니 서로 이해하고 존중하는 태도로 임해 주세요.

아이들은 무슨 이야기를 할지 잠시 생각에 빠졌다. 그런데 소비자가 아닌 생산자, 닭의 입장에서 생각해 본 적이 없었기 때문에 도대체 무슨 말을 해야 할지 감이 잡히지 않았다.

 무슨 말을 해야 할지 모르겠죠? 각자의 입장에서 어떤 하루를 보내고 있는지 소개한다고 생각해 보세요.

선생님은 아이들의 표정을 살피더니 예상이라도 한 듯 '공장식 축산'에 대한 뉴스를 보여 주었다. 뉴스를 통해 갇혀 있는 동물들의 모습과 양계장을 운영하는 아저씨의 인터뷰를 볼 수 있었다.

각자 고민해 보았나요? 그럼 이제부터 역할에 맞게 의견을 내 볼까요? 먼저, 닭의 이야기를 들어 보겠습니다.

안녕? 꼬꼬! 우리 암탉들은 종일 햇빛도 잘 들지 않는 곳에서 지내. 게다가 제대로 움직일 수도 없는 닭장에서 겨우 머리만 빼서 먹이를 먹고 있어. 너무 스트레스를 받아서 우리끼리 서로 쪼았더니, 주인 아저씨가 부리와 발톱을 잘라 버렸어. 우리는 바깥에 나가서 뛰어놀 수도 없고, 알만 낳아야 해. 심지어 내가 낳은 알은 한번 품어 보지도 못한 채 주인이 가져가 버려. 정말 이렇게 알 낳는 기계로 사느니 죽는 게 낫겠어!

그뿐만이 아니야. 나한테는 치킨이 되어야 한다면서

알에서 깨어난 후로 종일 먹이만 먹였어. 오늘도 습기 차고 냄새나는 곳에서 잠도 못 자고 먹기만 했어. 한 달 뒤면 공장으로 옮겨져서 닭고기가 되겠지? 원래 우리들의 평균 수명은 10년 정도 되는데, 얼마나 단축되었는지 몰라. 농장에 들어온 후로 한 번도 나가 본 적이 없는데, 나도 언젠가 바깥 구경을 하는 날이 올까?

아이들은 이야기를 듣는 내내 충격에 빠진 표정으로 발표자들을 쳐다보았다. 매일 맛있게 먹었던 달걀과 닭에게 이런 일이 벌어지고 있다는 것이 믿기지 않는 눈빛이었다.

🧑 하영이와 서진이가 닭의 입장에서 생생하게 잘 이야기해 주었습니다. 다음으로 생산자 대표의 발표를 들어 보겠습니다.

🧑 우선 닭들에게 유감을 표합니다. 농장 주인들도 닭들을 좀 더 건강하고 쾌적한 환경에서 키우고 싶지만, 그렇게 키우면 농장을 운영할 수가 없어요. 비용을 줄이기 위해서는 좁은 땅에 많이 넣어 놓고 키울

수밖에 없어요. 비싸게 팔면 공장이나 기업에서 안 사거든요. 게다가 점점 늘어나는 소비량에 맞추려면 우리는 전보다 빠르게 닭을 살찌워야 해요. 소비자들이 먹는 치킨은 사실 닭이 아니라 살찐 병아리예요. 불쌍하고 미안한 마음이 들 때가 많지만 어쩔 수 없죠.

저는 치킨집 사장입니다. 퇴직하고 놀면 뭐 하겠어요. 일하면서 계속 돈을 벌어야 식구들 먹여 살리죠. 전국에 치킨집만 8만 7000개가 넘어요. 한국인들이 워낙 치킨을 좋아하니까 그만큼 많이 생긴 거겠죠. 저희 가게에서도 하루에 50마리 가까이 팔려요. 저도 동물 복지 인증을 받은 닭고기를 사용하고 싶죠. 하지만 너무 비싸요. 가게 월세도 내야 하고 배달비도 줘야 하는데 비싼 닭고기를 사용하면 남는 게 하나도 없어요. 돈을 벌어야 하니 저렴한 공장식으로 기른 닭고기를 사용할 수밖에 없어요.

닭의 이야기만 들었을 때는 왜 그렇게 키우는지 이

해되지 않았는데, 농장 주인과 치킨집 사장님 이야기를 들으니 또 이해가 되기도 하네요. 마지막으로 소비자들의 이야기를 들어 보겠습니다.

양쪽의 이야기를 들어 보니 소비자인 제가 현명하게 잘 선택해야겠어요. 요즘에는 공장식 축산에 대한 문제점들이 많이 밝혀지면서 동물 복지에 대한 관심이 커지고 있잖아요. 솔직히 우리도 스트레스받거나 항생제 주사를 맞은 동물들을 먹고 싶지 않아요. 그렇다고 지금까지 먹어 온 달걀과 닭고기를 아예 안 먹는 것은 불가능할 것 같아요. 그러니 조금 비싸더라도 동물 복지 인증을 받은 고기를 사려 해요. 그런데 일반 가게나 가공식품에 들어 있는 고기는 대량으로 소비되기 때문에 대부분 공장식 축산으로 기른 저렴한 고기를 사용한다니 고기를 먹을 때마다 고민이에요.

채식주의자로서 동의합니다. 아무리 동물 복지 인증을 받았다 하더라도 고기를 계속 먹는다면 또 다른 문제가 있어요. 닭뿐만 아니라 돼지, 소를 키우는 데에는 식물을 재배하는 것보다 넓은 농장이 필요해요. 게다가 동물들 먹이를 위한 식물을 따로 재배해야 하죠. 동물들의 분뇨나 트림 같은 배설물도 환경오염의 원인 중 하나예요. 그래서 기후 위기를 극복하기 위해서는 동물을 먹지 않는 게 좋아요. 외국에서는 동물의 권리와 기후 변화 때문에 채식을 하는 사람이 많다고 합니다. 채식도 무조건 고기를 먹지

않는 것이 아니라 하루에 한 끼, 일주일에 하루 등 각자 할 수 있는 만큼 조금씩 참여하는 것도 도움이 된다고 해요. 저도 동물을 위해서, 그리고 지구를 위해서 실천하려 해요.

 와, 모두들 각자의 입장에서 솔직하고 설득력 있게 잘 발표해 주었어요. 다양한 입장을 듣고 보니 어떤 선택을 해야 할지 고민이 깊어지네요.

오늘 나오는 채식 도시락은 동물들을 위한 존중이자 지구 환경을 위한 도전일지도 모른다. 아이들은 오늘 수업을 통해 채식주의자인 서진이의 마음을 조금은 이해할 수 있을 것 같았다.

## 홍쌤의 환경 톡톡 Talk Talk!

 이번 시간에는 다양한 입장이 되어 각자의 의견을 주고받는 시간을 가졌습니다. 나와 다른 생활을 하고, 다른 생각을 가진 사람들을 어떻게 대하면 좋을까요?

 세상을 살다 보면 다양한 사람을 만나게 됩니다. 나라, 지역, 가족에 따라 문화가 다르고, 자세히 들여다보면 같은 문화 안에서도 각자의 상황이나 경험에 따라 생각과 생활 양식이 모두 다릅니다. 마치 생김새가 모두 다른 것처럼 말이죠.

 우리 주변의 환경 문제 안에는 다양한 상황에 처한 사람들이 서로 다른 생각을 갖고 복잡하게 얽혀 있습니다. 이런 사회에서 우리에게 필요한 것은 다른 사람의 이야기를 귀 기울여 들으려고 하는 마음입니다. 그리고 다른 사람의 생각을 존중하고 인정하는 것이 필요합니다. 환경 문제를 해결하기 위해 단순히 모두에게 같은 생각을 강요할 수는 없습니다. 각자 처한 상황과 입장이 다를 수 있기 때문이죠.

 따라서 누구의 생각이 옳다, 그르다 할 것 없이 서로의 이야기를 충분히 들어 주고 각자의 선택을 존중해 주는 것이 중요합니다.

## 환경 지식 더하기

### 환경 문제는 모두에게 공평할까?

　전 세계적으로 문제가 되고 있는 환경 문제는 세계인 모두에게 공평하게 영향을 미칠까요? 놀랍게도 기후 변화, 오염, 자연재해 같은 환경 문제는 모든 사람에게 같은 영향을 주지는 않아요. 어떤 사람들은 환경 문제로 집을 잃거나 병에 걸리는 등 큰 피해를 보지만, 어떤 사람들은 다른 사람들에 비해 영향을 적게 받기도 해요. 심지어 동물들은 인간이 파괴한 환경으로 인해 목숨을 잃거나 멸종되는 등 더 큰 피해를 보고 있죠.

　환경 문제는 단순한 자연 현상이 아니라, 사회적 불평등과 연결된 복잡한 문제예요. 그래서 서로 다른 입장과 가치관이 존재하고, 때로는 갈등이 생길 수도 있어요.

　예를 들어, '탄소 중립'을 대하는 태도는 사람이나 집단마다 달라요. 환경 운동가는 탄소 배출을 줄이기 위해 더 강한 규제가 필요하다고 말해요. 이와는 달리 정부는 기후 변화 정책을 단계적으로 시행해 모두가 적응할 수 있도록 해야 한다고 말해요. 시민은 일상에서 실천할 수 있는 현실적인 대안이 필요하다고 말하고, 기업은 경제와 환경을 동시에 살릴 수 있는 친환경 기술을 개발해야 한다고 말해요. 모두 '탄소 중립'을 목표로 하고 있지만, 탄소 중립을 어떻게 실천할지에 대한 의견은 각자 다르답니다.

이때 환경 문제가 다양한 생명체에게 불공평하게 영향을 미치는 문제를 해결하고 모든 주체가 공정하게 환경을 누릴 수 있도록 노력하는 것이 바로 '환경 정의'입니다.

모든 주체의 목소리를 듣는 게 쉽지 않지만, 환경 정의를 실현하려면 서로의 이야기를 열린 태도로 듣고 다양한 사람의 입장을 인정하면서 함께 해결 방법을 찾아야 해요. 모두가 함께한다면 더 나은 해결책을 만들 수 있을 거예요!

### 🙂 그림책으로 다시 보는 환경 이야기

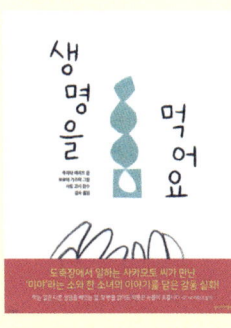

### 생명을 먹어요

**우치다 미치코 글, 모로에 가즈미 그림, 김숙 옮김,
사토 고시 감수, 만만한책방, 2022**

도축장에서 일하는 사카모토 씨는 소 '미야'와 미야를 아끼는 소녀를 만난다. 형편이 어려워져 미야를 팔 수밖에 없다는 소녀의 이야기를 들은 사카모토 씨는 소를 죽일 수 없다며 괴로워한다. 우리가 먹고살기 위해 다른 생명을 죽이는 일에 대해 고민하게 된다.

## 02

# 친환경이면 다 좋은 거 아니야?

### 관련 교육 과정 성취 기준

[2슬03-04] 우리의 생활과 관련된 지속가능성의 다양한 사례를 찾고 탐색한다.
[6과08-03] 자원과 에너지의 효율적인 이용 방법에 대해 탐색하고, 생활 속에서 실천할 수 있는 다양한 사례를 공유할 수 있다.
[6실02-11] 생태 지향적 삶을 위해 자신의 의식주 생활에서 할 수 있는 구체적인 행동을 계획하여 실천한다.

연우가 이른 아침부터 부엌에서 무언가를 찾고 있었다.

"엄마, 평소에 가지고 다니는 거 말고 좀 더 큰 물병 있어요?"

"왜? 캠프에 가져가게? 캠프에서 따로 생수 안 주니?"

"생수는 플라스틱 쓰레기가 나오잖아요. 다른 친구들도 다 물병을 챙겨 오더라고요. 환경 캠프인데 당연히 챙겨 가야죠!"

엄마가 부엌 찬장에서 텀블러 여러 개를 꺼내 연우에게 보여 주었다. 모두 '친환경'이라며 선물받은 텀블러였다. 그 중에는 한 번도 쓰지 않은 것도 있었다.

"어디 보자. 아휴, 텀블러가 이렇게 많은데 큰 건 없네. 그 냥 하나 더 살까?"

그러자 옆에서 지켜보던 아빠가 입을 열었다.

"그냥 두 개 가져가면 안 돼? 있는 것 쓰는 게 좋지. 뭐 하러 또 사?"

"두 개 들고 다니려면 무거울 텐데… 아니면 가방처럼 멜 수 있는 텀블러 새로 사 줄 테니 들고 다닐래?"

"그럼 제가 귀여운 캐릭터 디자인으로 고를게요."

연우는 새 텀블러를 사 준다는 엄마의 말에 신나서 얼른 대답했다. 그런 연우와 엄마의 대화를 듣고 있던 아빠가 다시 한번 입을 열었다.

"멀쩡한 텀블러 놔두고 귀엽거나 새로운 기능이 있다고 새 텀블러를 사는 건 낭비야."

"텀블러는 '친환경 물건'이니까 괜찮지 않아요?"

연우는 쌓여 있는 텀블러를 보며 가족과 대화를 나누던 중 몇 가지 의문이 들었다.

'왜 텀블러가 친환경 물건일까?'

'친환경 물건은 많아도 괜찮은 걸까?'

연우는 텀블러 하나를 가방에 넣으며 선생님께 꼭 여쭤 봐야겠다고 다짐했다.

 선생님, '친환경 물건'은 무조건 좋은 거예요?

🙎‍♀️ 음, 어려운 질문이네요. '친환경 물건'이라고 해서 무조건 환경에 좋다고 할 수는 없어요. 오늘은 이 이야기를 함께 나눠 볼까요?

연우의 질문을 들은 선생님은 곰곰이 생각에 잠겼다. 그리고 잠시 뒤, 아이들에게 아주 멋진 자동차 사진을 두 장 보여 주었다.

🙎‍♀️ 선생님은 주로 버스를 타고 다니는데, 이번에 큰마음 먹고 자동차 한 대를 사려고 해요. 그런데 둘 중에 어떤 자동차를 살지 고민이에요. 같이 골라 줄래요?

우와, 둘 다 멋져요!

디자인은 둘 다 괜찮죠?

어떤 게 더 비싸요? 전 비싼 게 더 좋아 보여요.

아니지, 무조건 비싼 것을 고르는 것보다 합리적인 가격에 사는 게 더 중요해.

하영이 말이 맞아요. 비싸거나 크다고 무조건 좋은 것은 아니에요. 필요한 성능이 무엇인지를 따져 봐야 해요. 그런데 두 자동차가 성능은 비슷한데 큰 차이점이 있어요.

뭔데요?

하나는 휘발유 자동차이고 다른 하나는 전기 자동차예요.

아하, 전기 자동차는 '친환경 자동차'잖아요. 그렇다면 환경을 생각해서 당연히 전기 자동차를 사야죠!

전기 자동차가 최근에 개발된 거니까 더 비싸지 않아요?

맞아요. 그런데 요즈음 대기 오염이 심각하니 환경 정책 차원에서 전기 자동차를 구매하면 세금을 줄여 주는 혜택이 있어요. 그런데도 전기 자동차를 타는 비용이 더 비싸긴 하지만요.

마치 자신의 자동차를 사는 것처럼 열심히 고민하는 아이들에게 선생님이 질문을 한 가지 더 했다.

 여기서 잠깐! '친환경'이란 무엇일까요?
 음, 환경에 좋다는 뜻 아닌가요?
 그러면 친환경 자동차는 환경에 좋은 자동차야? 조금 이상하지 않아? 환경에 좋으려면 자동차를 타면 안 되는 거 아니야?
 네, 지민이가 중요한 점을 잘 짚어 주었네요. 친환경은 자연환경을 오염시키지 않고 자연과 있는 그대로 어울리는 일을 말해요. 그럼 다시 전기 자동차로 돌아와 봅시다. 전기 자동차도 친환경이라고 할 수 있을까요?
 전기 에너지로 움직여서 기름도 필요 없고 매연도 안 나오니까 친환경 아니에요?
 전기 자동차니까 당연히 전기 에너지로 가지. 문제는 전기 에너지를 생산하려면 화석 연료를 사용하거나 원자력 발전이 필요한데 그 과정에서 환경이 오염된다는 거야.

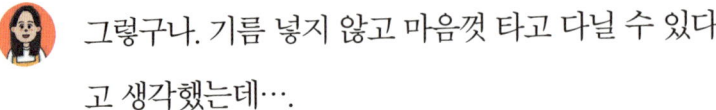 그렇구나. 기름 넣지 않고 마음껏 타고 다닐 수 있다고 생각했는데….

그래서 '친환경'이라는 단어를 사용하거나, 친환경 상품을 선택할 때에는 조금 더 고민해 보아야 해요. 다른 물건에 비해 환경을 덜 오염시키지만, 그렇다고 환경에 나쁜 영향을 아예 안 끼친다고 보기는 어렵기 때문이에요.

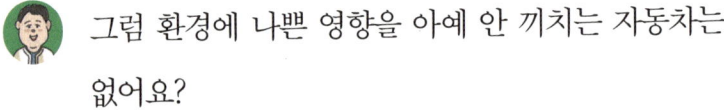 그럼 환경에 나쁜 영향을 아예 안 끼치는 자동차는 없어요?

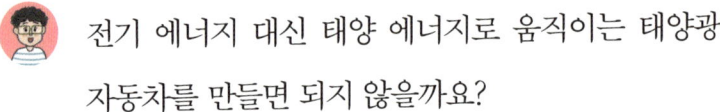 전기 에너지 대신 태양 에너지로 움직이는 태양광 자동차를 만들면 되지 않을까요?

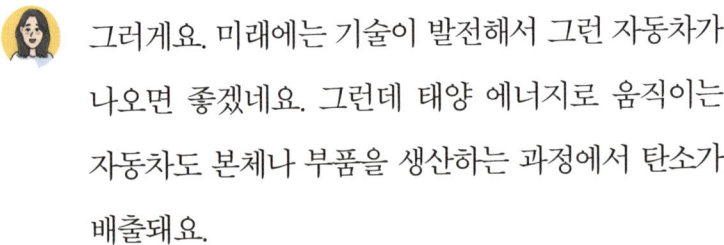 그러게요. 미래에는 기술이 발전해서 그런 자동차가 나오면 좋겠네요. 그런데 태양 에너지로 움직이는 자동차도 본체나 부품을 생산하는 과정에서 탄소가 배출돼요.

'친환경'이면 무조건 환경에 좋을 거라고 생각했는데,

그게 아니었다는 사실에 아이들은 잠시 생각에 잠겼다.

- 물건을 살 때는 가격, 디자인, 기능, 재질 등 여러 가지 조건뿐만 아니라 '환경에 어떤 영향을 미칠지'에 대해 고민하는 것도 중요해요. '친환경'이라고 생각했던 것들을 다시 한번 떠올려 볼까요?
- 저번 '지구의 날' 행사에서 친환경 비누를 만들었어요.
- 저는 여기저기서 받은 에코백이 너무 많아요. 그럼 더 이상 친환경이 아니지 않아요? 버리거나 안 쓰는 물건이 많은 거잖아요.
- 그렇죠. 에코백은 수천 번 들어야 비닐봉지보다 친환경적이라고 할 수 있어요.
- 그럼 텀블러도 마찬가지겠네요?
- 맞아요. 종이컵 하나를 만드는 것보다 텀블러 한 개를 만드는 게 에너지가 훨씬 많이 들어요. 일회용품을 함부로 쓰는 것도 문제지만 친환경 용품이라고 마구 만드는 것도 문제죠.
- 으악, 머릿속이 복잡해졌어요. 그럼 도대체 어떻게 해야 해요?

원래 세상이 그렇게 단순한 게 아니야.

 어떻게 하는 게 좋을지 함께 생각해 볼까요?

 상황에 따라 다를 것 같아요. 다양한 물건 중에서 친환경 물건을 선택하는 건 좋지만, 친환경 물건이라고 무조건 다 환경에 좋다고 할 수 없을 것 같아요. 새로 사는 것보다 가지고 있는 물건을 재활용해서 일회용품 사용을 줄이는 게 중요할 것 같아요.

 오, 조금 알 것 같아!

 선생님, 그런데 업사이클링 제품은 괜찮나요? 버려지는 쓰레기로 새로운 물건을 만드는 거잖아요.

 오! '업사이클링'이라는 말도 들어 봤어요?

 기후 위기 시대에 그 정도는 기본이죠! 학교에서도 업사이클링에 대해 배우면서 양말목으로 컵 받침을 만든 적 있어요.

 선생님, 저희도 만들기 해요!

 으이구, 지금까지 이야기 나눈 거 다 까먹었어?

 준호는 캠프 한 번 더 참여해야겠다.

 하하, 여러분이 만들기를 좋아한다는 걸 알지만, 이번 캠프에서는 특별히 만들기 대신 다른 활동을 해 볼 거예요.

캠프에 참여하면 분명 친환경 물건을 만들어 갈 것이라 생각했던 아이들의 예상이 빗나갔다.

 바로 친환경 물건을 만드는 업사이클링 회사를 조사하는 거예요. 어떤 폐기물이 어떤 물건으로 재탄생했는지, 왜 친환경 물건을 만들게 되었는지 조사하면서 친환경 물건에 대해 더 깊게 고민하고 이야기를 나눠 봅시다.

아이들이 각자 업사이클링 회사에 대해 검색하기 시작했다. 옷, 가방, 소품 등 업사이클링 제품을 만드는 회사들이 생각보다 많았다.

 자, 누가 먼저 발표해 볼까요?
 저요!
 좋아요. 연우부터 차례대로 해 볼게요.
 제가 조사한 회사는 '프라이탁'이라는 스위스 회사

입니다. 대표적인 업사이클링 회사라고 할 수 있죠. 스위스에 사는 프라이탁 형제는 길가에 버려진 방수 천과 천막을 보며 '이 튼튼한 천을 이용해 가방을 만들면 어떨까?'라고 생각하여 가방을 만들기 시작했습니다. 이 가방들은 방수 천으로 만들었기 때문에 오염에 강하고 튼튼합니다. 또한 버려진 천으로 만들어서 무늬가 다 다르기 때문에 세상에 하나뿐인 가방이라는 점이 특징입니다. 감사합니다.

 와, 너무 예쁘다!

 내가 찾은 회사랑 비슷하다. 난 폐그물로 스케이트보드를 만드는 '부레오'라는 회사를 찾았거든. 연우가 이렇게 잘할 줄 알았으면 내가 먼저 발표할걸.

 우리 연우가 첫 번째 발표를 아주 잘해 주었어요! 조사하면서 느낀 점이 있나요?

 음… 저는 길을 걸어가다 쓰레기를 봐도 그냥 지나쳤는데, 이분들은 그걸 보고 새로운 물건을 만들 생각을 했다는 게 멋지다고 생각했어요.

연우의 발표가 끝나자 아이들이 환호하며 박수를 쳤다.

잘 몰랐던 것에 대한 발표였을 뿐 아니라, 연우가 모두의 마음을 잘 대변해 주었기 때문이다.

- 연우가 환경 캠프에 와서 환경을 보는 눈이 생겼네요! 다음은 누가 발표해 볼까요?
- 제가 해 볼게요. 저는 푸드 업사이클링 회사를 찾아보았습니다. 맥주를 만드는 과정에서 나오는 밀, 보리 등의 곡물 찌꺼기를 활용해 간식을 만든, 미국의 '리그레인드'라는 회사입니다. 음식을 재활용한다고 해서 먹다 남은 음식물로 새로운 음식을 만드는 것으로 착각하면 안 됩니다. 비지찌개 들어 봤죠? 푸드 업사이클링은 두부를 만들 때 나온 찌꺼기, 비지로 요리해 먹는 것과 같습니다. 게다가 곡물 찌꺼기는 식이 섬유도 풍부하고 영양가가 높다고 하니 건강에도 좋겠죠? 특히 이 회사는 세계 최초로 '업사이클 식품 인증'도 받았다고 합니다. 요리할 때도 사먹을 때도 환경을 생각하세요!
- 와, 이 회사는 선생님도 처음 들어 봤는데 정말 멋진 회사네요!

재활용한 음식이라니, 나도 먹는 걸 개발해 보고 싶어.

 먹는 거 좋아하는 너한테 딱이다. 나도 버려질 뻔한 못생긴 농산물을 판매하는 회사를 조사했는데, 이것도 푸드 업사이클링인가?

 새로운 음식을 만든 것은 아니라서 업사이클링까지는 아닐 것 같아.

 선생님도 그렇게 생각해요. 그럼 이번엔 서진이가 발표해 볼까요?

 네. 저는 아주 유명한 친환경 의류 회사인 '파타고니아'를 조사했습니다. 아름다운 자연 경관이 잘 보존된 파타고니아 지역의 이름을 땄다고 합니다. 파타고니아는 재활용된 소재를 활용한 의류 및 액세서리를 만들고 환경 보호를 위해 적극적으로 앞장서고 있습니다. 옷을 파는 기업인데 환경을 위해 '이 재킷을 사지 마세요.'라는 광고를 할 정도로 확고한 환경 철학을 가지고 있습니다. 그래서 '1% for the planet(지구를 위한 1퍼센트)'라는 프로그램을 만들어 판매 금액의 1퍼센트를 환경 단체에 기부하고 있습니다.

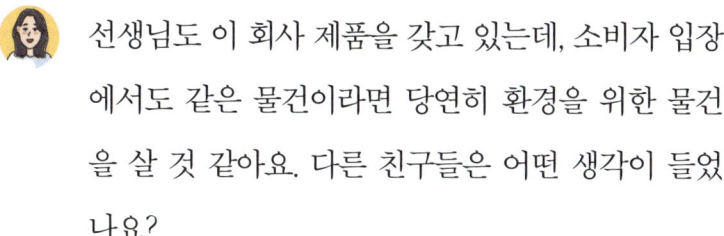 선생님도 이 회사 제품을 갖고 있는데, 소비자 입장에서도 같은 물건이라면 당연히 환경을 위한 물건을 살 것 같아요. 다른 친구들은 어떤 생각이 들었나요?

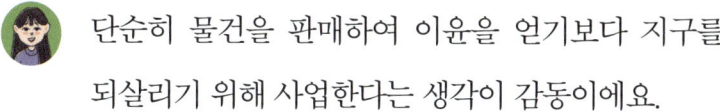 단순히 물건을 판매하여 이윤을 얻기보다 지구를 되살리기 위해 사업한다는 생각이 감동이에요.

발표가 계속 이어졌고, 아이들은 호기심 어린 눈으로 진지하게 들었다. 새로운 기업을 소개할 때마다 아이들은 몰

랐던 세계를 발견한 기쁨에 환호와 박수를 보냈다. 아이들 마음속의 환경 세계가 조금씩 넓어지고 있었다.

🧑‍🦰 친구들의 발표를 잘 들었나요? 이번에는 기업을 조사하거나, 발표를 들으면서 든 생각을 바탕으로 만들어 보고 싶은 '나만의 친환경 물건'을 떠올려 봅시다. 아주 작은 것도 괜찮고, 말도 안 되는 것도 괜찮아요. 미래를 위한 친환경 상상력을 발휘해 보세요!

🧑 사람과 온도를 감지해서 자동으로 세기를 조절해 주는 에어컨이요. 너무 춥거나 사람이 없을 때에 에어컨을 켜 두면 경고음이 울리는 기능을 넣고 싶어요.

🧑 한 달 안에 썩는 배달 음식 용기를 만들고 싶어요.

🧑 길이를 쉽게 늘여서 몸이 자라도 계속 입을 수 있는 옷이요. 키가 자랄 때마다 옷을 버리는 게 너무 아까웠어요.

🧑 태양광으로 10분 만에 충전할 수 있는 스마트폰도 괜찮을 것 같아요.

아이들은 저마다 관심 있었던 환경 문제를 해결하기 위

한 재미난 아이디어를 떠올렸다. 미래에는 어떤 물건들이 환경에 어떤 영향을 줄지 마음이 두근두근 부풀어 올랐다.

 아, 선생님! 혹시 어떤 자동차 살지 결정하셨어요?
 여러분들과 친환경에 대한 이야기를 나누다 보니 자동차를 사는 일에 대해 다시 한번 생각해 보게 되었어요. 그래서 조금 더 고민하려 합니다.
 환경에 나쁜 영향을 아예 안 끼치는 친환경 자동차는 정말 없는 걸까요?
 그냥 걸어 다니는 게 친환경이지. 건강에도 좋잖아!
 그건 불가능해. 너 진짜 앞으로 자동차 없이 살 수 있어?
 그건 아니지만… 아! 자전거 타고 다니면 되지!
 날씨가 안 좋거나 다쳤을 때처럼 자전거를 못 타는 상황이 생길 수도 있을 것 같은데….
 자동차보다는 버스나 지하철처럼 대중교통을 이용하는 방법도 있어!
 그런데 대중교통은 급히 이동하는 사람들에게는 불편할 수 있어. 짐이 많을 때도 그렇고. 결국 편한 것에 익숙해서 자동차를 탈 것 같은데?

🧑 우리 아빠는 출근할 때 차가 막혀서 지하철을 이용하는 게 좋다고 하셨어.

👧 우리 엄마도! 지하철이 훨씬 편하다고 하셨어. 그런데 우리 할아버지가 사는 시골에는 대중교통이 거의 없어서 자동차가 필수라고 하셨어. 마을 사람들을 모아서 같이 타고 다니신대.

🧑 그것도 좋은 방법이다. 멀리 여행 갈 때는 자동차보다 기차를 타는 게 더 좋을 것 같아.

아이들의 논의를 지켜보며 선생님이 흐뭇한 표정으로 말했다.

👩 오, 환경 캠프에 참여하는 동안 환경에 대해 생각하는 힘이 생긴 거 같은데요? 앞으로 여러분들이 어떤 선택, 어떤 행동을 하게 될지 기대가 되는걸요!

## 홍쌤의 환경 톡톡 Talk Talk!

이번 시간에는 '친환경'의 의미를 다시 생각해 보았습니다. 왜 친환경이라고 하는지, 친환경 물건이 환경에 좋은 영향을 미치는지에 대해 이야기 나누며 판단해 보았어요. 또 친환경 용품을 만들어 보는 대신 환경을 생각하는 기업들을 알아보고 미래의 친환경 물건들을 상상해 보았습니다.

세상에는 기발한 아이디어로 다양한 물건이 계속 새롭게 나오고 있습니다. 우리들은 이미 충분히 물건을 소유하고 있는데, 새로운 물건들을 자꾸 소비하고 있습니다. 이러다가 물건의 주인인 우리가 물건에 압도될지도 몰라요. 기업에서는 더 많이 더 자주 사도록 부추기고, 심지어 '친환경'이니 사도 괜찮다고 홍보합니다. 사실 환경을 위해서는 아무것도 사지 않는 게 제일 좋은데도 말이죠.

그렇다고 아무것도 사지 않고, 아무것도 하지 않고 살 수는 없습니다. 살아가면서 필요한 물건은 소비를 해야 해요. 그래야 경제와 사회가 돌아가죠. 하지만 이왕 사야 하는 물건이라면 진짜 환경을 위한 것인지 비판적으로 따져 보고, 환경에 안 좋은 영향을 덜 미칠 수 있는 선택을 하는 것이 좋습니다. 친환경 물건을 사는 것보다 친환경 선택을 하는 게 중요합니다.

## 😊 환경 지식 더하기

### 그린워싱, 친환경에 속지 마

환경에 대한 사람들의 관심이 늘면서 친환경 제품까지 인기가 많아졌어요. 그런데, "100퍼센트 자연 성분! 친환경 패키지 사용! 지구를 위한 착한 브랜드!" 이런 말이 붙어 있으면, 정말 다 친환경 제품일까요? 환경친화적인 이미지를 상품 제작에서부터 광고, 판매 등 전 과정에 걸쳐 홍보하는 '그린 마케팅'이 기업의 필수 마케팅 전략 중 하나로 떠오르면서, 실제로는 친환경적이지 않은 제품을 친환경적으로 보이도록 이미지를 포장하는 경우가 생기고 있어요. 이를 '그린워싱'이라고 합니다.

예를 들어, 한 브랜드가 '친환경 가방'을 광고한다고 가정해 봅시다. 구체적인 설명 없이 에코, 그린, 내추럴 같은 이름을 붙이고, 친환경처럼 보이게 가방에 나무 그림을 넣고 초록색 포장을 해요. 다른 제품과 똑같이 환경에 영향을 주는 재료를 사용하고 환경에 영향을 주는 공정을 거쳐 생산되지만 소비자는 잘 모를 뿐이죠.

진짜 친환경적인 선택을 하려면 비판적으로 보고 신중하게 결정해야 합니다. '친환경'이라는 단어만 믿지 말고, 공식적인 환경 인증 마크를 확인해야 해요. 대표적인 환경 인증 마크는 한국 환경 산업 기술원에서 발급하는 '환경표지 인증'이 있어요. 환경표지 인증은 같은 용도로 사용할 수 있는 다른 제품들과 비교했을 때, 자원을 절약할 수 있거나 환경 오염을 적게 일으키는 제품에 부여하는 인증이에요.

다음으로 재생 가능한 성분을 사용하는지, 생산 과정에서 탄소 배출을 줄이고 있는지 확인해야 해요. 하지만 가장 좋은 것은 필요 없는 물건은 사지 않고, 필요한 물건이 있다면 가지고 있는 물건을 활용해 보거나 중고 제품을 사용하는 것입니다.

우리가 제대로 알고 친환경적인 선택을 하면, 기업들도 바뀌게 될 거예요. 지구를 위한 똑똑한 선택, 우리부터 시작해요!

### 그림책으로 다시 보는 환경 이야기

#### 멋진 하루

안신애 글·그림, 고래뱃속, 2016

평범한 가족이 마트에서 고기와 화장품을 사고, 신나는 동물 공연을 보러 다니며 '멋진 하루'를 보낸다. 그들의 모습 뒤로 강제로 임신과 출산을 반복하는 돼지와 동물 실험을 당하는 토끼, 공연을 위해 가혹한 훈련을 받는 원숭이의 모습들이 보인다. 우리가 즐겼던 소비 생활 속에는 어떤 동물들의 희생이, 어떤 환경 문제가 숨어 있을까?

## 03

# 함께, 더 오래 살아남을 순 없을까?

**관련 교육 과정 성취 기준**

[2바02-01] 공동체에서 내가 할 수 있는 일을 찾아보고 실천한다.
[2바03-04] 공동체 속에서 지속가능성을 위한 삶의 방식을 찾아 실천한다.
[6도02-01] 봉사의 의미와 중요성을 이해하고, 타인이 처한 상황과 환경에 대한 주의 깊은 관심을 바탕으로 봉사를 실천한다.

"환경 캠프를 시작한 게 엊그제 같은데 벌써 마지막 날이네요. 다른 때보다 시간이 빠르게 지나간 것 같아요. 그런데 그사이에 교실이 어떻게 된 거죠?"

교실을 둘러보는 선생님의 모습에 아이들은 영문도 모른 채 서로를 바라보았다.

"우리는 캠프에 참여하는 동안 이 교실을 잠시 빌려 쓰고 있어요. 캠프를 시작할 땐 깨끗했는데 그사이 이렇게 지저분해졌네요."

아이들은 그제야 교실 곳곳을 둘러보기 시작했다. 공용 물건들이 흐트러져 있었고, 바닥 구석에는 먼지가 쌓여 까맣게 보일 정도였다. 게다가 쓰레기통은 쓰레기가 넘쳐서

뚜껑도 제대로 닫히지 않았다.

"캠프에 있는 동안 한 번도 청소한 적 없나요? 그럼 청소는 누가 하나요?"

선생님의 질문에 아이들은 서로 눈치만 보며 아무 대답도 하지 않았다.

"선생님이 혼내려는 게 아니니 같이 편하게 이야기를 나눠 봐요. 여러분 집에서는 누가 청소하나요?"

"제 방은 제가 해요."

"그럼 거실이나 화장실 같은 공용 공간은요?"

"부모님이 하세요."

"그럼 부모님이 청소를 안 하면 어떻게 될 것 같나요?"

갑작스러운 선생님의 청소 잔소리에 아이들은 잔뜩 긴장했다. 이게 설마 꿈인가 싶었다. 아이들은 다시 눈치만 보며 서로의 얼굴을 쳐다보았다.

 지금 이 교실처럼 되겠네요. 그렇죠? 여러분 학교 교실은 누가 청소하나요?

 청소 당번을 정해서 해요.

 그런데 그냥 가 버리는 친구들이 많아요.

 사실 까먹은 경우도 있어요.

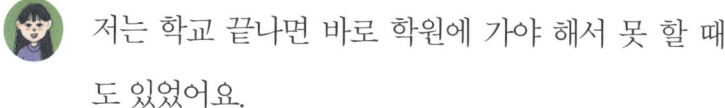 저는 학교 끝나면 바로 학원에 가야 해서 못 할 때도 있었어요.

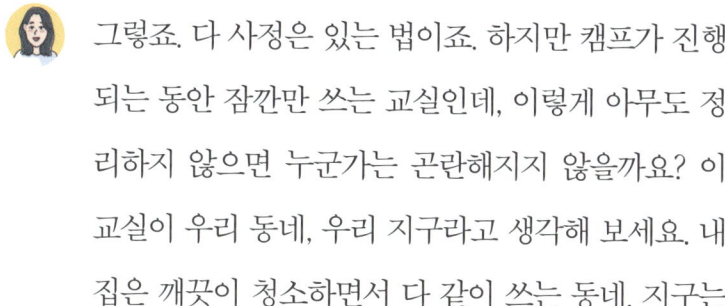 그렇죠. 다 사정은 있는 법이죠. 하지만 캠프가 진행되는 동안 잠깐만 쓰는 교실인데, 이렇게 아무도 정리하지 않으면 누군가는 곤란해지지 않을까요? 이 교실이 우리 동네, 우리 지구라고 생각해 보세요. 내 집은 깨끗이 청소하면서 다 같이 쓰는 동네, 지구는

잘 돌보지 않는다면 누가 관리할까요? 모두가 관리하지 않고 그대로 내버려두면 어떻게 될까요?

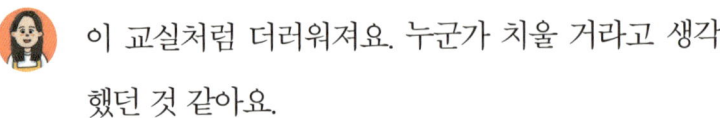 이 교실처럼 더러워져요. 누군가 치울 거라고 생각했던 것 같아요.

쓰기만 하고 아무도 치우지 않는다면 더러워지겠죠? 결국 그 쓰레기, 먼지, 냄새 때문에 생기는 불편은 우리가 겪게 될 거예요. 그런 곳에서 지내고 싶진 않죠?

쓰레기 더미에 파묻힌 교실과 마을을 떠올리자 코끝에서 쓰레기 냄새가 나는 것만 같았다. 깨끗하고 아늑한 곳에 살고 싶지만, 여전히 쓰레기를 치우고 청소하는 일이 귀찮게 느껴졌다. 두 개의 마음이 왔다 갔다 움직이는 것 같았다.

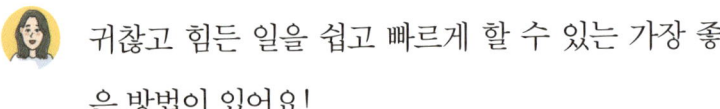 귀찮고 힘든 일을 쉽고 빠르게 할 수 있는 가장 좋은 방법이 있어요!

 뭔데요?

바로 '협력'하는 거예요. 한 명이 다 할 수는 없어요. 하지만 같이 하면 덜 힘들고 더 재미있게 할 수 있

어요! 지금부터 선생님이랑 같이 청소해 볼까요?

좋아요!

공부는 못해도 청소는 잘할 수 있어요!

청소 잘하는 게 얼마나 큰 재능인데요. 자, 우선 창문부터 열고 시작합시다.

선생님, 역할은 어떻게 정해요?

역할을 정하지 말고 자유롭게 역할을 찾아서 해 보세요! 협력이 잘 되려면 자신의 역할을 잘 해내는 것도 중요하지만 자신에게 맞는 역할을 찾는 게 우선이에요. 내가 할 수 있는 일을 스스로 찾아 보세요.

아이들은 늘 당번을 정해서 청소했기 때문에 누가, 어떤 일을, 어떤 순서로 할지 몰라 잠시 서서 두리번거렸다.

"얘들아, 우선 다 같이 책상이랑 의자를 뒤로 밀자."

가만히 있던 아이들이 연우의 말에 우르르 책상을 밀기 시작했다. 아이들은 교실 물건들을 정리하고, 칠판, 창문 등을 닦았다. 마지막으로 쓰레기통까지 비우자 교실이 다시 처음의 모습 그대로 반짝반짝 빛이 났다.

정말 순식간에 끝났네. 같이 하니까 은근 재밌는데?

깨끗하니 기분도 좋다. 진작 할걸 그랬어!

   청소가 끝난 뒤, 창문 앞에 서서 불어오는 바람에 땀을 식혔다. 함께 청소하고 맡는 바람이 다른 어느 때보다 상쾌하고 달달했다.

교실이 엄청 깨끗해졌네요. 모두들 수고했어요. 그런데 이렇게 깨끗한 상태가 언제까지 지속될 것 같나요? 오늘, 환경 캠프 마지막 시간에는 '환경을 생각하는 마음'으로 우리 주변에서 '지속 가능한 것'과 관련된 것들을 찾아 사진을 찍어 볼 거예요.

지속 가능한 게 뭐예요?

'지속 가능'이라는 말이 조금 어렵죠? 음… 지난번에 했던 바구니에서 '지구 자원'인 사탕을 가져가는 놀이를 떠올려 봅시다. 선생님이 두 개의 바구니에 각각 100개의 사탕을 넣어 두고, 사탕을 매일 1개씩 더 넣어 줄 거예요. 첫 번째 바구니는 마음대로 나눠 먹게 합니다. 두 번째 바구니는 개수 제한을 두어 아껴 먹게 합니다. 그렇다면, 어느 바구니의 사탕을 더 오랫동안 먹을 수 있을까요?

당연히 두 번째 바구니요!

첫 번째 바구니는 처음엔 좋겠지만, 다 먹고 난 뒤에 아쉬워서 후회할 것 같아요.

그렇죠? 한 번에 사탕을 다 먹어 버리면, 그 이후로는 먹을 수 있는 사탕이 하나도 없어요. 하지만 조금씩 사탕을 아껴 먹는다면 오랜 기간 동안 먹을 수 있어요. 바구니에 채워 넣는 사탕보다 먹는 사탕이 많으면 언젠가는 바구니가 텅 비게 되겠죠. 사탕 바구니가 더 이상 지속 가능하지 않은 거죠.

아하! 이제 알겠어요!

그런데 우리는 지구의 환경을 첫 번째 바구니처럼 계속 쓰기만 하네요.

심지어 지구는 하나뿐이야.

지난번에 배운 것처럼 지구가 스스로 회복하기도 하지만, 지구에서 더 오래 살아남으려면 우리가 지구를 더 아끼고 보호해야 할 것 같아요.

맞아요. 공평하게 사탕을 나누는 것도 중요하지만,

사탕을 조금씩 아껴 먹는 것도 중요해요.

아이들은 어렴풋이 들어 봤던 '지속 가능성'의 의미를 조금씩 알아 가고 있었다.

 선생님, 그럼 이제 사진을 찍으러 가도 되는 거예요?
 그런데 지속 가능한 것을 어떻게 찍지?
 우리를 지구에서 계속 살아갈 수 있게 하는 모든 것들을 찍으면 되지 않을까?
 맞아요. 너무 어렵게 생각하지 말아요. 정답은 없어요. 우리 주변에 있는 모든 것들이 환경과 관련된 것들이거든요. 그러니 여러분이 생각했을 때 우리 주변에서 '지속해야 할 것'이나 '지속했으면 하는 것' 등을 찾아서 사진을 찍고 설명하면 돼요.
 아! 이제 조금 알 것 같아요.
 대신 이번 시간에는 환경 캠프가 이뤄지는 학교 안에서만 찾기로 해요. 시간은 30분입니다. 혼자 다니지 말고 꼭 짝꿍과 함께 다니세요!

들뜬 마음으로 순식간에 교실을 나선 아이들은 '지속 가능한 것'을 찾으러 다니기 시작했다. 무엇이 지속 가능한 것일지 고민하는 사이에 30분이 금방 지나갔다.

🧑‍🦰 자, 이제 여러분이 찍은 사진들을 함께 살펴볼까요? 와, 우리 주변에 이렇게나 많은 '지속 가능한 것'이 있었네요!

🧑 찍으려고 보니 다 환경과 관련이 있는 것 같았어요.

🧑‍🦰 어떤 것들을, 왜 찍었는지 궁금한데요? 그럼 여러분이 찍은 여러 사진들 중에 친구들에게 소개하고 싶은 것을 공유해 볼까요?

🧑 제가 찍은 사진은 화장실에 있던 전등 스위치입니다. 이 스위치는 움직임을 감지하면 센서가 작동하여 자동으로 켜지고 움직임이 없으면 꺼지는 절전 스위치입니다. 이전에 있던 수동 스위치를 사용할 때는 사람이 없어도 전등이 켜져 있었는데, 이제는 필요할 때만 켜지기 때문에 더 이상 전기 에너지를 낭비하지 않게 되었습니다. 지속 가능한 지구를 위해 공공 기관 화장실 스위치를 모두 이걸로 교체했

으면 좋겠습니다.

 지난 시간에 우리가 이야기했던 것처럼 누군가 환경을 생각하는 마음으로 발명한 것 같아요!

 맞아! 정말 나처럼 똑똑한 친환경 물건이야.

 능청스러운 준호의 말에 아이들이 웃음을 터트렸다. 준호가 아이들의 웃음에 개의치 않고 과장된 몸짓으로 어깨를 으쓱거리자 다시 한번 웃음이 터져 나왔다.

 말 나온 김에 준호가 찍은 사진을 볼까요? 이 사진은 어디예요?

 급식실 안에 있는 조리실이에요. 영양사 선생님과 조리사분들이 요리해 주신 맛있는 급식을 먹고 우리가 계속 살아남을 수 있는 것 같아서 사진을 찍었습니다.

 못 말린다, 정말. 먹는 게 그렇게 좋니?

 하하하. 준호 말이 맞아요. 음식은 우리에게 정말 중요해요. 지속 가능한 지구를 위해서는 식량 자원이 꼭 필요하죠. 어머, 이건 지민이 사진이네요! 왜 자기 사진을 찍었는지 궁금해요.
네, 저는 제 얼굴을 찍었는데요. 다른 게 다 살아남아도 제가 죽으면 끝이잖아요.

어이쿠, 갑자기 얼굴이 나와서 깜짝 놀랐네. 크크.

 아이들은 생각지도 못한 인물 사진을 보며 웃기 시작했다. 지민이는 개의치 않고 꿋꿋하게 발표를 이어 갔다.

저는 지구에 오래 살고 싶어요. 건강한 초록 지구도 계속 보고 싶고요. 그렇게 생각하니 지금 볼 수 있는 자연이 더 소중하게 느껴졌어요. 그래서 나무와 함께 제 사진을 찍어 보았습니다.

그렇네요! 가장 소중한 건 나 자신이죠. 지민이가 말한 대로 우리가 자연에서 오래도록 웃을 수 있으면 좋겠네요. 다음은 서진이가 발표해 볼까요?

저는 두 개의 사진을 올렸어요. 두 개의 사진 모두 식물들을 키우는 곳입니다. 첫 번째는 '스마트 팜' 기계 사진이고 두 번째 사진은 텃밭입니다. 저는 텃밭이 좋아서 심심할 때마다 텃밭에 가서 물을 주고

관찰했었어요. 그런데 얼마 전에 스마트 팜이라는 기계가 생겼어요. 식물을 자동으로 키워 주니 너무 신기했어요. 계절에 상관없이 언제든지 키울 수 있으니까요.

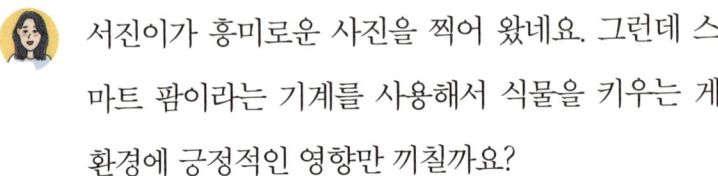 서진이가 흥미로운 사진을 찍어 왔네요. 그런데 스마트 팜이라는 기계를 사용해서 식물을 키우는 게 환경에 긍정적인 영향만 끼칠까요?

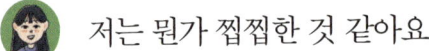 저는 뭔가 찝찝한 것 같아요.

그렇죠? 서진이의 발표를 더 들어 볼까요?

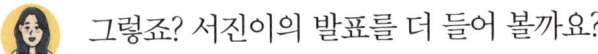 사실 스마트 팜이 환경에 긍정적인 효과만 주는 것은 아니에요. 스마트 팜은 흙과 햇빛이 없어도 되고, 물도 일일이 주지 않아도 되지만, 전기 에너지는 24시간 필요하잖아요.

에이, 그럼 친환경이 아니네.

그러게. 빗물도 공짜, 햇빛도 공짜인데 괜히 전기 아깝게….

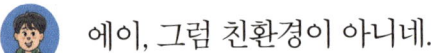 사진을 찍고 보니 텃밭에서 자란 식물은 엄청 크게 잘 자랐는데, 스마트 팜을 활용해 기르는 식물은 힘이 별로 없어 보이는 것 같았어요.

🧑 그렇네요. 아무래도 토양과 태양의 생명력을 받지 못해 그런가 봐요.

🧑 그래서 스마트 팜은 관리도 어렵고 식물을 건강하게 기르지도 못하는 것 같아서 지속 가능성이 낮은 것 같아요.

🧑 스마트 팜은 미래의 식량 문제를 해결해 줄 수 있을 거라 생각했는데, 생각보다 많은 에너지가 필요하구나. 스마트 팜이 근본적인 해결책은 아닐 수도 있겠네.

 선생님은 환경 캠프에 참여하며 환경에 대해 고민하고, 이야기하면서 성장한 아이들의 모습이 기특했다.

🧑 우리끼리만 공유할 게 아니라 다른 사람들에게도 알리는 사진전을 열면 더욱 의미 있을 것 같아요!

🧑 좋아요! 이건 많은 사람이 관심을 갖고 생각해 보면 좋겠어요.

🧑 와, 좋은 생각인데요? 그럼 발표를 끝까지 들어 본 뒤에 어떻게 사진전을 열지 함께 고민해 봅시다.

제가 찍은 것은 학교 쓰레기장입니다. 오늘 아침에 우리가 다 같이 대청소를 한 후, 교실 쓰레기통까지 비웠던 거 기억하죠? 깔끔해진 교실에 모두 기분이 좋아졌잖아요. 그런데 쓰레기장 사진을 보면 모두 우리가 쓰고 버린 것들입니다. 쓰레기를 당장 내 눈앞에서 없앤다고 하더라도 그건 쓰레기가 사라지는 게 아니라 또 어디로인가 가서 모이는 거죠. 쓰레기를 함부로 버리지 않도록 물건을 소중하게 여겨서 더 오래 써야겠다고 생각했어요.

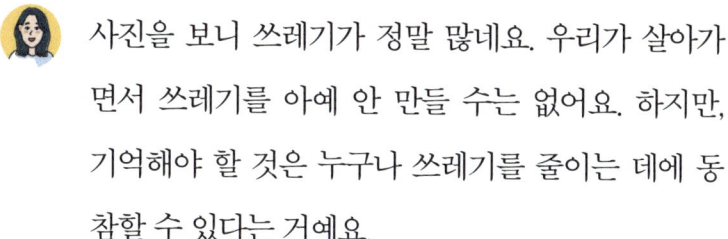 사진을 보니 쓰레기가 정말 많네요. 우리가 살아가면서 쓰레기를 아예 안 만들 수는 없어요. 하지만, 기억해야 할 것은 누구나 쓰레기를 줄이는 데에 동참할 수 있다는 거예요.

맞아요. 요즘 산책을 하면서 쓰레기를 줍는 '플로깅'을 하는 사람이 많아졌대요. 저희도 같이 해 봐요!

안 그래도 선생님도 그 생각을 하고 있었어요. 혹시 플로깅을 해 본 사람 있어요?

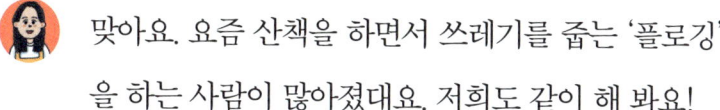 저는 엄마랑 산책할 때 몇 번 해 본 적 있어요.

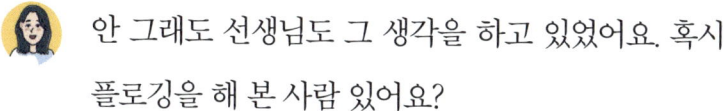 서진이는 이미 해 봤군요? 이번엔 다 같이 나가서 쓰레기 줍기를 해 봐요. 혼자 할 때와는 또 다른 것을 느낄 수 있을 거예요.

선생님, 여우숲에서 해요. 저번에 갔을 때 쓰레기가 많았잖아요. 깨끗하게 만들어 주고 싶어요.

쓰레기봉투를 들고서 들뜬 마음으로 학교를 나섰다. 여우숲에 다다르자 이미 쓰레기를 줍고 있는 사람들이 보였다. 아이들이 환호성을 질렀다.

이렇게 다 같이 하면 금방 깨끗해질 것 같은데요?
 그러게요. 다 같이 산책하다가 쓰레기가 있으면 주워서 쓰레기봉투에 담으면 됩니다.
 네, 그 정도는 식은 죽 먹기죠. 재밌겠다!
 앗, 저기 담배 꽁초 있다. 나 벌써 찾았어.
 나도!
 좋았어. 내가 제일 많이 주워야지.

건우의 말에 아이들이 더 열정적으로 줍기 시작했다. 마치 보물찾기를 하듯 신나게 쓰레기를 찾고, 부지런히 주워 담는 아이들의 얼굴에는 뿌듯한 미소가 가득 찼고, 마음속에는 초록빛 지구를 향한 따뜻한 마음이 피어났다. 환경 캠프는 끝이 났지만, 환경을 향한 아이들의 마음은 지금부터 시작될 참이었다.

## 홍쌤의 환경 톡톡 Talk Talk!

　우리가 지구에서 함께, 더 오래 살아남으려면 지구 환경을 잘 보존해야 해요. 지구 환경을 보존하기 위해서는 지금까지 배운 '지속 가능성'을 높여야 합니다. 지구 환경이 오래도록 지속 가능하도록 함께 노력해야 하는 것이죠. 그래서 환경 캠프 마지막 시간에는 다른 사람과 경쟁을 하여 이기고 지는 게임이 아닌 다른 사람과 협력하는 경험을 쌓는 시간을 가졌습니다.

　우리는 지구에서 다른 사람들, 다양한 동식물과 어우러져 살아갑니다. 이를 '공존'이라 말합니다. 기후 위기 시대, 글로벌 시대, 정보화 AI 시대에 지구에서 끝까지 살아남기 위해서는 남들과 경쟁하기보다 여럿이 '협력'해야 합니다.

　나의 이익만 생각하는 것이 아니라 함께, 어떻게 살아남을지 고민해야 합니다. 누군가는 환경을 생각하는 마음을 갖고 지구를 소중하게 돌보는 행동을 이어가고 있습니다. 그래서 아직까지는 아름다운 자연을 누리고 있는지도 모릅니다. 우리가 모두 환경 운동가가 되어야 한다는 말은 아닙니다. 다만 초록 지구를 오래도록 보고 싶은 마음을 간직하고 내가 할 수 있는 일에 기꺼이 동참하는 어린이가 되길 바랍니다.

### 환경 지식 더하기

**개인의 욕심이 만들어 낸 '공유지의 비극'**

'공유지의 비극'은 생태학자 개릿 하딘이 한 과학 저널에서 설명한 개념으로, 모두가 공유하는 자원을 개인이 자신의 이익을 위해 함부로 사용하여, 결국에는 자원이 고갈되는 상황을 비유적으로 표현한 말입니다.

지구에 존재하는 대부분의 자원은 누구의 소유가 아닌 모두가 누릴 수 있는 '공유 자원'입니다. 주인이 따로 있는 것이 아니라 공기, 물, 숲, 바다와 같이 지구에 사는 누구에게나 선물처럼 주어지는 것들이죠. 공유 자원의 특징은 누구나 사용할 수 있지만, 모두가 자기 이익만 생각하고 과도하게 사용하면 엉망진창 또는 고갈의 상황, 즉 '비극'을 보게 된다는 것입니다.

여러분이 좋아하는 온라인 게임 서버가 있다고 가정해 보세요. 특정 이벤트 기간에 모두가 한꺼번에 접속하면 어떻게 될까요? 서버가 과부하에 걸려 결국 아무도 게임을 못 하게 되겠죠.

이 원리는 환경 문제에도 똑같이 적용됩니다. 바다의 물고기를 예시로 들어 볼게요. 어업을 하는 사람들이 더 많은 이익을 얻기 위해 물고기를 최대한 많이 잡으려고 하면 어떻게 될까요? 물고기의 개체 수가 급격히 줄어들고, 물고기가 번식할 시간이 없어서 어족 자원이 고갈돼요. 결국

어업을 하던 사람들도 더 이상 물고기를 잡을 수 없게 됩니다. 이를 막기 위해 산란기에는 물고기를 잡지 않고, 산란기가 아니더라도 물고기를 필요 이상으로 많이 잡지 않도록 노력하고 있어요.

 무한하지 않은 자원을 무한한 것처럼 쓰면, 결국 모두가 손해를 봐요. 하지만 우리 모두가 협력하여 공유 자원을 책임지고 관리하면 더 오래 자원을 누릴 수 있어요. 공유지의 비극을 막는 해법은 바로 협력입니다.

### 😊 그림책으로 다시 보는 환경 이야기

**어려도 지구는 우리가 구할 거야!**
롤 커비 글, 아델리나 리리어스 그림, 심연희 옮김,
책읽는곰, 2022

자연재해를 막기 위해 나무를 심는 아델린, 직접 농작물을 길러 먹는 뱅상, 멸종 위기 동물 보호 캠페인을 벌인 헌터 등 12명의 아이들의 생생한 경험담을 들을 시간! 인도네시아, 인도, 영국, 프랑스 등 다양한 국가에 사는 어린이들이 지구를 위해 각자 할 수 있는 일을 찾아 실천한다. 우리는 지구를 위해 무얼 할 수 있을까?

# 수 료 증

성명 _____

위 어린이는 환경 캠프에 참여하여
환경을 보는 눈을 기르고 환경을 생각하는 마음을 가진
멋진 환경 시민으로서 환경을 위해
용기 내어 실천할 것을 약속하였기에
이 증서를 수여합니다.

20    년    월    일

어린이 환경 캠프단

지구의 내일이 궁금한 어린이를 위한 생생한 환경 교육 동화
## 마라탕을 시켰을 뿐인데 지구가 뜨거워졌다고?

**초판 1쇄 발행** 2025년 4월 30일
**초판 2쇄 발행** 2025년 10월 29일

**글쓴이** 홍세영
**그린이** 편히
**펴낸이** 민혜영
**펴낸곳** 데이스타
**주소** 서울특별시 마포구 월드컵로14길 56, 3~5층
**전화** 02-303-5580 | **팩스** 02-2179-8768
**홈페이지** www.cassiopeiabook.com | **전자우편** editor@cassiopeiabook.com
**출판등록** 2012년 12월 27일 제2014-000277호

ⓒ홍세영, 2025
ISBN 979-11-6827-296-5  73400

이 책은 저작권법에 따라 보호받는 저작물이므로 무단 전재와 무단 복제를 금지하며,
이 책의 전부 또는 일부를 이용하려면 반드시 저작권자와 (주)카시오페아 출판사의
서면 동의를 받아야 합니다.

- 데이스타는 (주)카시오페아 출판사의 어린이·청소년 브랜드입니다.
- 잘못된 책은 구입하신 곳에서 바꿔 드립니다.
- 책값은 뒤표지에 있습니다.